读客外国小说文库

激发个人成长

铁道员

[日] 浅田次郎 著
施小炜 译

鉄道員
ぽっぽや
浅田次郎

文匯出版社

图书在版编目（CIP）数据

铁道员／（日）浅田次郎著；施小炜译．－－上海：文汇出版社，2018.1
ISBN 978-7-5496-2394-5

Ⅰ．①铁… Ⅱ．①浅… ②施… Ⅲ．①短篇小说－小说集－日本－现代 Ⅳ．① I313.45

中国版本图书馆 CIP 数据核字（2017）第 280020 号

"POPPOYA"by Jiro Asada
Copyright© Jiro Asada 1997
All rights reserved.
Original Japanese edition published in 1997 by Shueisha Inc.,ToKyo

This Simplified Chinese edition published by arrangement with Shueisha Inc.,
Tokyo in care of Tuttle-Mori Agency, Inc., Tokyo through Beijing GW Culture Communications Co., Ltd., Beijing

中文版权 © 2017 上海读客图书有限公司
经授权，上海读客图书有限公司拥有本书的中文（简体）版权
著作权合同登记号：09-2017-982

铁道员

作　　者　／	[日]浅田次郎
译　　者　／	施小炜
责任编辑　／	戴　铮
特邀编辑　／	刘雪莉　姚红成
封面装帧　／	肖　雯
出版发行　／	文汇出版社 上海市威海路 755 号 （邮政编码 200041）
经　　销　／	全国新华书店
印刷装订　／	三河市良远印务有限公司
版　　次　／	2018 年 1 月第 1 版
印　　次　／	2018 年 1 月第 1 次印刷
开　　本　／	890mm × 1270mm 1/32
字　　数　／	172 千字
印　　张　／	8.75

ISBN 978-7-5496-2394-5
定　　价　／　42.00 元

侵权必究
装订质量问题，请致电010-85866447（免费更换，邮寄到付）

目 录

铁道员	001
情书	041
魔鬼	077
在角笛	111
伽罗	149
盂兰盆会	183
圣诞老人是窝囊废	217
来自猎户座的邀请信	233
代后记——奇迹一卷	267

铁道员

驶离美寄站的月台后，开往幌舞的单线便穿行在屋宇之间，直至驶出市区，其间与干线比肩并行一程。

全玻璃幕墙的观光特快，悠然地睥睨着单辆编组的老式KH12型内燃机车，超越了过去。

兴许是行车时刻表的恶作剧，再不就是为来自都市的滑雪客们预备下的节目，特快列车的窗前，乘客们挤作一团，观赏着老国铁那朱红色的古董级单行内燃机车。未几，当幌舞线来到了该向左方急转弯的岔道口时，透过特快那宽阔的玻璃幕墙，闪光灯便此起彼伏地闪烁了起来。

十八点三十五分发车的KH12，是驶往幌舞的每天仅有的三班中最末一班列车。

"哼！真他娘的装腔作势。照片有什么好拍的！对吧，站长老爹？"

年轻的司机扭头瞥了一瞥雪原上分道扬镳驶离开去的特快，抬眼瞧了瞧站在副手席上的仙次。

"说什么蠢话呢！提起这KH12，小伙子哎，如今简直就是文物呢。还有好些客人专程从'内地'¹赶过来瞧这家伙呢。"

"既然那样，干吗还要废掉这条线呢？"

"这个嘛，小伙子哎，无非就是什么运输密度啦，盈亏核算啦，这类问题喽。"

呵呵，司机将大拇指竖在肩膀上方晃了晃。单节车厢里空无一人，绿色座椅在昏暗的荧光灯下排列成行。

"哟嗬，这可不像美寄中央车站站长说的话呀。"

"为什么？"

"难道不是么，老爹？幌舞线本来就没有什么狗屁运输密度嘛。我跑车已经跑了四年啦，只要高中一放假，就一直是这副德性。所以我说啊，干吗事到如今突然又要废掉这条线了呢？"

"俺咋知道呀，这种事情？能够撑到现在，还不是看在过去贡献的份上，论功行赏呗。你小子不也是幌舞出身么？应该记得从前的繁荣景象呀。"

终点站幌舞自明治²以来，作为北海道屈指可数的煤城昌盛一时。全长21.6公里的沿线共设有六座车站，直通干线的D51型蒸汽机车满载着煤炭，川流不息，往而复还。而如今，却只剩下了早晚高中生专用

---

1 北海道的人对日本本州等地的称呼，即指北海道以外的日本。
2 指明治时代，即1868年10月23日至1912年7月30日。

单行内燃机车朝发夕返，沿途车站悉数变成了无人站。最后一座矿山停止采矿也已经过去十年了。

"听说幌舞站的乙松师傅今年就该退休了，是不是因为这个缘故啊？"

"可不兴连你小子也跟副站长讲一样的话。札幌那边怎么会关心这种事情呢？"

KH12仿佛示好一般，停在了无人值守的北美寄站。

"哎呀。月台上的雪得扫一扫啦。容易积成堆呢，这儿。"

"别管闲事！发车，行进！"

站在副手席上，仙次催迫般地吼道。迸出一声夸张的轰鸣，柴油内燃机车再度滑入了雪原。

掩了掩作业外套的毛领子，仙次想起了谈话的下文。

"这可不是不关我事哦。等乙松师傅退了休，明年就该轮到俺呢。"

"老爹您恐怕会去车站大楼当领导的吧。"

"你听谁说的，这话？"

"您就别管是谁啦，美寄站的员工无人不晓啊。都在说呢，等到明年开春，车站大楼造好了，老爹您就要调到那边去啦。"

"别胡说八道了。人家还没考虑好呢。跟着'内地'来的百货店员们一起，穿着西装系着领带冲着顾客点头哈腰什么的，俺会心神不宁的哦。"

"别价别价。您老可真是,永远都是个开火车的嘛。开火车的吧,万变不离其宗,咋都改不了开蒸汽机车的司机脾气呀。"

司机扬起左手,"呜、呜、呜"地模仿拉响汽笛的动作。

仙次若无其事地环视涂抹了多层油漆的KH12驾驶台。

目光停留在写有"北海道旅客鉃道"的金属牌上。国铁分割民营化[1]时,全国的JR[2]都用上了相同的名字,然而北海道公司的名字却采用了一个奇妙的字"鉃",这一点几乎不为人知。不是"铁道",而是"鉃道"。

背负着多条亏损路线,起步之初就面临着经营困难的JR北海道,与其说是讨口彩图吉利,毋宁是虔心祷告上苍,特意避而不写"失去金钱"的"铁"字。"鉃道"——实在是个别扭至极的字。

"不过,我会咋样呢?哪怕是叫我去开干线哦……"

"为什么?"

"干线上的新机车什么的,我可是一窍不通啊。不过话虽如此,要是叫我去售货亭卖东西,去做拉面的话,那我可受不了呀。"

"怎么可能呢。既然连这种破车子你都开得了,就算新干线肯定也能开啦。你得感恩哪。"

"可我压根就不知道时速五十公里以上的世界是个什么样子耶。

---

1 将日本国有铁路拆分成6个地区性客运铁路公司以及一家全国的货运铁路公司的一项改革。
2 Japan Railway的缩写,日本国铁分割民营化后各铁路交通的总称。

单单这，就足够叫人心惊胆战的啦。"

仙次用棉纱手套拭去玻璃窗上的水滴。

内燃机车爬上徐缓的斜坡，山脊线向着左右两方逼将上来。每钻出一条短短的隧道，积雪便越来越深。

"啊呀，老爹，明天不派除雪车来不行呢。"

凝视着被前照灯照得雪亮的道路，仿佛闯进了未知的世界一般。仙次胳膊肘撑在配电盘上，凝目盯望着前方的光芒与黑暗。

"到了幌舞后立马就得往回赶噢。就算你在半道上抛锚了，大过年的，机务段也没人手帮你哟。"

司机愤愤不平地瞧着仙次脚下放着的一升装的酒瓶。

"我还以为可以在幌舞住上一宿呢。"

"别胡说八道啦。万一有乘客要坐末班上行车咋办？"

"怎么可能有呢？"

内燃机车停在山间小站上。别提乘客了，废屋成排的车站前，连一盏电灯都没有。

"俺到乙松师傅那里，可不是拜年去的噢。想想看吧，两个老头子凑在一起该说些什么话？要不你也跟着一起喝酒、痛哭？啊？"

"哈哈……我是开玩笑呢，老爹。别当真。发车！信号灯！"

"哟嗬，这声音不是亮得很么？"

"人家这是学的乙松师傅嘛。"

须臾，遥隔着冰封的河流，黑幢幢地背衬着煤矸石山，幌舞的灯火涌现在眼前。

"拉响汽笛!尽管晚点了五分钟,乙松师傅一准还等在站台上呢。"

KH12型仿佛哀叹风烛残年一般,吐出一声苍老的汽笛,回荡在群山之间。

幌舞车站飘然现身,将隧道的圆形出口塞得满满的。纯白的终点站,背景是采煤场废弃的厂房与传送带那妖怪般的黑影。

司机和仙次手指着臂板式信号机,齐声发出口令。探照灯照映出砖铺月台。曾经是敞篷货车与火车头川流不息的货场,此刻化作了无涯无际的雪原。

"瞧瞧!老爹。咋就跟童话世界一样呢。"

连车轮声听上去都显得沉闷含混。老迈的幌舞车站站长手提着信号灯,站在细雪飘飞的月台上。

"你瞧乙松师傅,明明迟到了五分钟,还是那样子一直站在那里。外边该有零下二十度吧。"

厚重的国铁外套肩头积了一层雪,深藏青色的制帽帽带紧紧地系在颔下,乙松伫立在月台尽头。只见他凛然挺胸,挥动带着棉纱手套的指尖,威严地指向进站线。

"乙松师傅好帅气啊!简直就是一幅画耶!"

"去你的!后生小子可别老三老四地喊他乙松师傅!得喊他站长

噢。你看好喽，那才是真正的铁路人！跟脱下了制服，欢天喜地地跑去车站大楼当领导的傻乎乎的JR站长，可大不一样哦。"

"是耶……说不定我看到了会哭出来呢……"

司机踏响一声汽笛后，拉动了刹车。KH12将柴油机车的轰鸣撇在身后，停在了终点站月台上。

踏着晚点五分钟期间积上了薄薄一层雪的月台，乙松长靴嘎吱作响，走了过来。

"嗨，老乙，这里好冷啊。对不起，晚点啦。"

满脸堆着笑，仙次下到了站台上。

"哪里哪里。新年好啊！"

"哎哎，新年好。本来俺是打算来跟你一块儿过年的，可谁知秀男那小子带着孩子回家来了。"

"哟，小秀当爹啦？这么说，阿仙呀，你不就成了爷爷了么！头生大孙子，一定很可爱喽。"

"那是那是，当然是很可爱啦。"

仙次觉得自己的话可能伤到了乙松，急忙用手套掩住了嘴巴。

"秀男那小子，俺还拖他来给老乙你拜年来着，可他说明天就得上班了。呃呃，请你原谅他啦。"

"这说的是什么话？小秀也是札幌总公司的科长啦，当然很忙喽。告诉他，俺这边他别介意。"

"入春之前，一准叫他好好来给你赔礼。刚进公司那会儿满口大话，还说什么在有生之年一定要保住幌舞线呢。真是对不起呀，那小子没用啊。俺给你赔不是呢。"

仙次脱去帽子，垂下谢顶的脑袋致歉。

"可别价，阿仙。美寄中央车站站长居然给俺低头道歉，这不叫俺无言以对么。"

仿佛惶恐不已似的，乙松从仙次的身旁穿过，探头窥望驾驶席。

"辛苦啦。进去暖暖身子再走吧。"

凝视着还在垂首致歉的仙次背影，司机答道：

"还下着雪呢，我这就往回赶啦，站长。"

"是么……啊哈，喊俺站长么。好啊，这一准是阿仙教的。什么站长不站长的哦，叫人难为情呢。连站员都没有一个嘛。"

说着，乙松从外套后背取出手旗，弯下白鹤一般又瘦又高的身板，拍了拍仙次的后背。

"阿仙哪，你又长肥了嘛。"

"是么？"仙次终于抬起了脑袋。

"过年吃得太多呢。这个，是俺那口子叫俺带给你的。"

"啊呀呀，这太谢谢啦。总算过大年喽。你先进里面去吧，俺送走了上行车就过来。"

仙次没有去看乙松是如何送走折返的末班车的，越过轨道，向站舍走去。

幌舞站保留着大正时代[1]建成时的风貌,雍容堂皇。宽旷的候车室屋顶高广,上面搭着许多根饴糖色的粗大横梁,三角形天窗上甚至还镶嵌着浪漫情调的彩绘玻璃。

镶着木框的检票处墙上,仍然悬挂着国铁的动轮标志,仿佛是被遗忘在那儿一般。每张长椅都是陈年旧物,闪着黑光。

至少总该把这座站舍保存下去吧?仙次心想。一边在重油暖炉上烤着手,一边让一直站到现在的身躯坐在了长椅上。

一片寂静中,响起了内燃机车的汽笛声。

"让你久等啦——喏,你瞧,终于连达摩屋都关门大吉喽。"

身裹着雪的气味刚一跨进站舍,乙松便卷起手旗,指着车站前面说道。

"咦,真的吗?那老婆婆怎么啦?"

站前硕果仅存的一家杂货店,房屋东倒西歪,不见灯火。

"说是儿子在美寄买了房。都是年过七十的老婆婆呢,总不见得拦着人家不让走喽。这下可好,俺这儿也得放些香烟呀报纸什么的啦。"

"你拉倒吧,老乙。就你一个人,又要卖票,又要清扫,还得养路,总不能连售货亭也叫你管吧。"

"话虽这么说,可幌舞这儿还有上百来户人家呢。尽管全是些老

---

[1] 1912年7月30日至1926年12月25日,明治之后、昭和之前的时代。

头老太,报纸什么的总是要看的喽。"

站务室里传来了哀伤的演歌。感觉站头的煤矸石山黑影仿佛要倾压过来一般,仙次点起一支烟。

"喏,这不是过年嘛。札幌当地的土酒,是秀男送你的礼物。"

"不好意思啦,带了这么多菜来,还装在套盒里面呢。俺家里自打婆娘死后,别管过年不过年的,反正是什么事也没有喽。"

"静枝嫂子,过世几年了?"

"几年?这不才是前年的事么?倒觉得好像已经过了十年似的呢。"

"老乙你也够冷清的啊。"

"没事。这里清一色的都是跟俺一样的老头老太,没事的。来,把火灭了,咱进屋里去。"

开怀畅饮之前,还有话得先说明白。

"跟你说啊,老乙。俺来年春天就能平调到车站大楼去呢。"

"是么?那可是好事啊。"

"所以俺想啊,干脆你也到美寄来吧。那可是一座十二层高的大楼哦,说是还带玻璃做的电梯呢。是东京的百货公司跟JR合伙出钱盖的,所以俺也多少能提点无理要求。"

"是么。既然是无理要求,那就别提啦。"

是我言辞不妥么?仙次暗忖道,缄口不语。

"好事是好事啊,不过,俺就算了吧。"

"这是为什么呢，老乙？"

"你看，俺瞧见那电梯就害怕，不敢坐进去。虽说原来都一样是开火车的，可你都当上美寄中央车站的站长了，俺跟你可大不一样啊。"

"老乙你是精于搞机械的。"

"什么话。除了铁道，俺什么都不懂耶。学也没上过，全都是被师傅们用铁锨敲打来敲打去，靠着这身板子一点点记下来的。在那些东京百货公司的人看来，还不跟瞅见了外国佬一样么。"

交谈一旦中断，就能听见雪夜的静谧迫近前来，令人生畏。

"阿仙呀，小秀那孩子为了俺的事没少出力吧？"

"跟你说了没那回事。虽说那小子是北大[1]毕业，级别不低，也算是高升了，可像线路转换这种事情，他那级别还不够，插不上嘴啊。"

"那就算呢。"

伸手拂去乙松肩头未曾融化，眼见就要凝结成冰的雪，仙次再度无言以对。

"你那口子，还好吧？"

"嗯。老样子啦，还是肥肥胖胖的——"

仙次陡然想起了一件痛苦的事。

1　北海道大学的简称，是北海道的最高学府。

他想起了乙松在妻子过世时，伫立在美寄医院太平间里俯身凝望，久久不动的情形。仙次的妻子对于乙松不肯赶去见上老婆临终一面，至今耿耿于怀，埋怨说老乙是个薄情汉。

给他发过好几次病危通知，可乙松却一直坚持到幌舞站熄灯下班之后，才乘坐末班车赶了过来。仙次的妻子尽管不停地打电话，可到底还是独自一人送的她最后一程。也难怪她至今耿耿于怀。

那时候，乙松也是身穿结满了冰的外套，站在枕前久久地垂首。仙次的妻子摇晃他，催他为什么不哭呢，乙松讷讷地回答了一句：

"俺是铁路上的人，可不兴为了自己家里人的事哭呢。"

只见乙松使劲地搓揉着裤膝头，却不流一滴眼泪，仙次历历可辨地联想起了D51型蒸汽机车的车轮声与油烟味。

"我说阿仙哪——"

乙松脱下帽子，伸到炉火上去烘。那是绕了一圈暗红色带子，缀有动轮帽徽的藏青色国铁帽。仙次对自己的蓝色制帽，稍稍感到了羞愧。

"什么事？"

"俺的事暂且不说，那KH到底会咋样呀？"

"呃，总之那12型吧，还是昭和27年造出来的呢。那会儿俺俩还在干D51的司炉呢。"

"这么说，是要报废了喽？"

"可真能干活啊，那玩意儿。"

最新式的KH12型驶进站台来那天的情形，还记忆犹新。

自己手攥着一束粗草绳,正在擦拭D51的车轮子,乙松站在煤水车上铲煤。铁轨两旁站满了村民与矿工。当簇新铮亮的KH12型从漆黑的隧道里钻出身子来时,人群中迸发出了欢呼声,就仿佛欢庆大捷一般。

"——哇!阿仙!快瞧呀!内燃机车来啦,是KH12型!"

煤水车上,乙松挥舞着铁锹。万岁的欢呼声不断,直到站长立在月台的尽头接过了路牌。

"啊呀呀,当年的小司炉如今都快要退休了呢,还要叫人家加油干,未免太苛刻啦。"

"可是老乙呀,那台12型在日本只怕是最后一台呢,运气好的话,没准儿会有个什么博物馆、铁道公园跑来认领呢。"

"索性顺便把俺也领回博物馆去展览好呢。"

两人终于齐声笑了起来。

"来,过年喽!"

站台上的灯光熄灭了。雪光将候车室映得朦朦胧胧的。

"咦,落下东西了呢。"

绕墙设置的长椅上,坐着一只塑料娃娃,摊着双手。"哎呀,刚才还在玩耍呢,什么时候走的?"

乙松跑到了漆黑一片的正方形门廊里,环视站前。

"是那个塑料丘比特娃娃么?啊哟好旧呀!是客人么?"

"不是。是个从没见过的小女孩,一直在这儿玩耍来着。"

"喂喂,这里怎么可能有连老乙都没见过的小女孩呢?"

"大概是回来过年的吧，可能是开汽车回来的。那孩子吧，大约这么高，长得可疼人呢，背着个鲜红的双肩书包。"

"是双肩书包么。"

"说是到了春天就要上小学了，她爹给她买的。可疼人啦，站在这儿立正，还喊俺瞧：'站长爷爷您看呀！'黏在俺身边不肯走呢。"

"还不是因为老乙你喜欢小孩子么。"

乙松没有孩子。

站务室的里间，就是乙松的家，两间六叠¹大的房间，再带一间厨房。小小的佛坛上，摆着身穿制服的父亲的照片，和妻子还很年轻时的照片。

仙次上了一炷香，盯着照片瞧了一会儿。

"老乙你没有孩子的照片么？"

"没有。才两个月就死啦。"

"叫什么名字来着？"

"雪子。十一月十号生的，那天下了头场雪，所以起名叫雪子。阿仙你不还说，要她跟小秀做夫妻的么？"

"啊，想起来了。秀男那小子好像念中学了，俺说，给你做媳妇咋样？把他吓得连抱都不敢抱呢。"

1　一叠即一块榻榻米的大小，约合1.6平方米。

隔着小圆桌对面而坐，二人斟好了冷酒。关掉收音机，便觉得细细的流水声听来刺耳。

"说出来不好意思啊，俺吧，直到现在还在给雪子算岁数呢。要是还活着，今年就该十七呢。"

"孩子养得晚嘛。"

"俺四十三，婆娘三十八才得的子啊。真可惜耶。"

乙松难得地发出怨声道。

佐藤乙松察觉到检票口似乎有人，睁开眼来，是在精确无误的挂钟敲响了凌晨零点的时候。

"站长！站长！"

仿佛从塑料板的缝隙中窥探进来似的，一个温柔的声音呼唤着乙松。

"是谁呀？这深更半夜的，莫不是有人得了急病了么？"

担心吵醒了正蒙着头呼呼大睡的仙次，乙松蹑手蹑脚地起身拉开窗帘，只见一个围着红围巾的女孩子，胳膊肘撑在检票口栏杆上。

比昨晚那个孩子大，不过都是单眼皮，眉眼很相似。

"哟，是来拿落下的东西的么？"

少女沉沉地点了点头。乙松在睡衣外面披了件棉袄，走到候车室里。曾几何时雪停了，月光从门廊里曳出一条光带。

天空微微地发出低吟。

"你是姐姐么?"

将塑料娃娃递了过去,少女莞尔一笑。

"没了娃娃,她就要哭闹的。"

"真是个好姐姐。你们是谁家的孩子?不常见嘛。"

长得又白又好看,一准是城里来的孩子。乙松心想。

"天神庙边上的,佐藤家。"

"嚯嚯。可是要说佐藤,俺们这一带可是家家都姓佐藤呢。伯伯我也是佐藤哦。呃呃,你说在天神庙边上,那可是油坊家呀?"

少女摇摇脑袋。

"那,是不是阿鲸家呀?要不就是虎夫家喽?"

似乎是不想作答,少女默默地摇头。一定是家人叮嘱过她别把尽是老人的村里情形胡乱说出去。

"我是来看爷爷的。过年嘛。"

那就别打听了吧,乙松心忖道。

"一个人乱跑很危险的噢。喏,这一带虽然不会有熊来,可万一陷进了雪坑里,或者从大堤上摔下来,那可就要命呢。伯伯送你回家去,你稍等一会儿。"

"不用不用。很近的,又有月光,亮得很。"

说话四平八稳,看来是个聪明的孩子。

"小姑娘,你几岁啦?"

"十二岁。"

"嚯，中学生啦。个头有点儿小嘛。"

"我还在念六年级，接下来就要上中学啦。那个……站长——"

少女怕冷地跺着脚，欲言又止。

"啊哈，是要小便吧。厕所，出了检票口往右转。你等等！我给你开电灯。"

轻轻推开站务室的门，打开配电盘上的开关。灯光暗淡地闪烁着，照出了白雪皑皑的月台。

"那个……怪吓人的，站长您陪我一起去，好么？"

"好的好的。我陪你去。"

少女微微哈着腰，握住了乙松的手。

"根本就没什么可怕的啦。嘀嘀，好啦好啦。"

握住她的小手，乙松一阵悲哀。情不自禁地总觉得昨晚的妹妹也好这个姐姐也好，仿佛都像是死去的雪子。之所以会如此，大概是因为这再过三个月就将告终的生活吧。

只要没得感冒，雪子也该长得这么大了，每晚上厕所要喊自己陪着去吧。怪来怪去，都得怪出生在这个连医生都没有的村落中，睡在与站务室相连、多处透风的房间里。一想到是自己的工作害死了孩子，乙松心痛难耐。

站在厕所前等着少女，乙松心不在焉地凝望着对面的月台。

十七年前那个暴风雪的早晨，就在那个月台上送走了抱在婆娘怀里的雪子。与平素无异，伸出手指确认无误，目送内燃机车离去。然后乘坐当晚的内燃机车,雪子包裹在同一块毛毯里,浑身冰冷地回家来了。

"他爹呀,你连死去的孩子都得舞着小旗迎她回家么?"

屈身蹲在白雪皑皑的站台上,妻将雪子抱得紧紧的,说道。

当时自己是怎么回答的呢?

"可咱是铁路上的人,不是没有办法么?俺要是不站在月台上摇旗发信号的话,这狂风暴雪的,又有谁来引导KH机车呢?俺还得扳道岔,孩子们也都放学了,要回家去呢。"

妻还嘴道:

"你自己的孩子也回家来啦。就像这个样子,雪子变得像雪一样冷,回家来啦。"

妻对乙松恶声相向,此前此后,只有过这么一次。

递到手中来的遗骸那让人趔趄的沉重,乙松难以忘怀。那的的确确,比冻固了的道岔机还要沉重。

记忆之中,响起了又一个声音。

"叔叔,雪子,她死了么?"

是秀男的声音。将帆布书包随手一丢,秀男从夫妻俩之间钻了进来,从呆立不动的乙松手中夺过了雪子。

"不嘛!雪子好可怜呀!俺还想讨她做媳妇呢!婶婶,对不起你!你看,叔叔不是得给俺们摇旗子嘛,你就别骂他啦。好不?婶婶。"

——将痛楚的回忆掖进了棉袄的襟怀里，乙松拢紧领口，垂首俯视。

等到了春天，不再干铁路时，就可以放声哭泣啦。他心忖。

"谢谢你！站长。"

"嚉嚉，喝下这个再走。"

面对走出厕所的少女，乙松拿出暖在胸前的罐装咖啡，递了过去。

"小姑娘，你长得好可爱呀。妈妈一准是个大美人。那么，你是谁家的孩子呢？"

"喏，给你一半。"

"伯伯不要啦。你别客气，喝掉它。"

乙松是一直看着村里的孩子们长大的。尽管都跑到城里去了，可哪一张面孔都难以忘怀。别人家孩子的成长过程都这般可爱这般可乐的话，倘是自己的亲生骨肉又将会如何呢？乙松心里想道。

没到美寄城里去，是因为看到年龄相仿的女孩，就会伤心难禁。路过地下街，与死去的雪子年龄相称的商品便会涌至眼前，令人无奈。他还曾把红色双肩书包拿在手中端详，甚至还当真买下了围巾和夹克衫，可又不能带回家去，只能送给了偶然路过的小孩子。

少女喝完罐装咖啡，拉了拉乙松的衣袖。打着手势，要他弯下身来。

"什么呢？"

刚把腰弯到脸的高度，少女便轻轻地搂住了乙松的脖颈，嘴对嘴地将咖啡度到了乙松的舌上。

"哇噢！突然袭击呀。这不是成心叫人吓破胆子么。"

少女在冻实了的月台上纵身一跳，摔了个屁股墩子，笑了。

"我跟站长亲嘴啦！"

"够呢！还来劲了呢。这孩子，真调皮。"

"那，我明天还来噢。拜拜！"

"嗯。拜拜！小心点，可别靠马路边走，要陷进雪坑去的。"

少女手舞足蹈，几度回首后顾，跑出了检票口。

"喂喂！跟你说了别跑呀！"

回到候车室里，少女已经不见踪影了。月光亮煌煌地照了进来，泛黄的灰泥墙上，彩绘玻璃的七色光芒描画出幻灯似的纹样。

门扉吱呀作响，仙次探出睡眼惺忪的面孔。

"咋呢老乙？天不还黑着么——啊哟，十二点。这不才刚睡没一会儿吗？"

仙次回头看了看挂钟，打了个大大的哈欠。

"昨晚那孩子的姐姐来拿忘掉的东西——哎呀，这是怎么回事？又忘记拿走呢。"

塑料娃娃放在长椅上。

"还会再来的吧。"

"那倒是呀。就算给她送过去，也不知道是谁家的孩子啊。"

透过检票口，仙次眺望着雪光反射的站台，眼神怪异地凝视着乙松。

"老乙，你不会是做梦吧？深更半夜的，小孩子咋会出来乱跑呢？"

"那孩子吧，长得很漂亮，就是有点儿嘻嘻哈哈的。不是札幌来的就是旭川来的。城里的孩子都是夜猫子嘛。"

"可是，再怎么说已经是大半夜呢。不会是雪女吧？"

"哈哈！要是雪女的话，俺就该被变成冰呢。"

"啊？"

"没什么没什么……什么事都没有。"

抱着娃娃走回站务室，乙松坐在桌前，开始写没有任何事项可资记录的旅客日报。

札幌总公司打来电话，是在仙次乘坐内燃机车回去之后的当天下午。

一听说是总公司便不由自主地挺胸立正的乙松耳朵里，传来了令人怀念的声音。

"给您拜年啦。我是秀男。新年好！"

"哟喵，是小秀呀！啊呀呀，你可是总公司的科长哟，不兴这么说话的。你爹他已经坐头班车回美寄去啦。"

"我本来也想一块去的，可今天就得开始办公啦。"

"别价别价。这话就不要提啦，倒是给你添了许多麻烦啊。多亏了你,叔叔也能够跟幌舞线一道退休呢。俺还跟你爹说呢,这真是享尽了铁路人的善报呀。"

电话那端默默无声。乙松感觉到秀男大概坐在札幌总公司办公桌前俯首不言,便故意笑出声来。

"呃,叔叔,我刚刚把文件给您寄去了。心想这么做对叔叔您太失礼,所以打电话向您道声歉。"

"别价别价。此话休提,倒是你在上司面前想必是直言不讳,俺担心会不会影响你出人头地呀。"

"不会不会。我什么也没干。倒是我爹他每天老往总公司跑,跟上面的人据理力争,还每年都在美寄町征集一万多人署名呼吁呢。"

"啊呀……原来是这样的啊。阿仙他可是连一个字也没提过嘛。俺根本就不晓得唉。"

"他特地脱掉站长服,穿上工作服,休息日在地下街里一站就是一整天噢。这种话从儿子口中说出来未免太怪,所以叔叔呀,您肯定有您的苦衷啦,不过您就别再记恨我爹了,好不?对不起啦,我给您道歉。全怪我力不从心。"

"别价别价,没事……不兴这么说话哟,科长。"

一片寂静。久久地,只能听见秀男的呼吸声。

"叔叔,我吧,打心底感谢您。"

"别说傻话啦。叔叔不好意思呢。"

"哪里,我说的是真心话。我能够坚持下来,有了今天,全亏了叔叔您下雨也好，下雪也好，一天不落地站在幌舞站台上，上学送我们，放学接我们。我说不好，其实是叔叔您鼓励我坚持下来的。"

"就做这么点事，能让你考进北大么？就说那高级职位考试吧，那也是你自个儿——"

"所以嘛，我说不好。可大伙都是这么想的哦。就算去了东京的那帮人，也念念不忘叔叔您呢。"

"啊！……是么？这可如何是好。"

放下电话听筒，浑身绵软无力。

仿佛半个世纪的重量，一股脑儿压上了肩头，乙松双手按在办公桌上，半晌，站也不是，坐也不是。

到了下午，雪又下了起来，飘飘洒洒，几乎遮蔽了煤矸山影。耳鸣不已，就像无声的世界里响起了铁轨磨轧的杂音，乙松双手抱住了短发雪白的脑袋。

陡然，乙松听见有人敲击检售票窗口的玻璃，便抬起头来。却见一个梳着小辫子的女高中生，正在掸拂华达呢面料大衣上的落雪。

"站长您好！"

彬彬有礼地垂首行礼的身姿，似曾相识。乙松猜到是昨夜那两个孩子的姐姐来领取遗忘物的，心情立马晴朗了起来。

"哈哈，你大概也是姐姐吧？"

"您猜出来啦？"

少女用连指手套捂住脸，忍俊不禁。

"这还有什么可猜的,声音也好,长相也好,简直一模一样嘛。"

"昨天对不起啦。请您原谅,站长。"

"别价。是我让她们陪我玩来着。啊,请进里面来。那儿有风。"

少女好奇地望着候车室,对粗大的房梁和古老的彩绘玻璃发出赞叹声。侧脸光彩照人,美丽极了。

"是全家一起跟着爸爸妈妈回来探亲的吧?"

"对。"少女甩了甩长及腰际的辫子,扭头回视。

啊哈!乙松终于想起来了。

"你们是圆妙寺的良枝的孩子吧。"

"咦?"少女略一踌躇,随后又咯咯地笑了。

"长得像么?"

"是呀,跟念高中时的良枝姑娘一模一样耶。啊呀,总算解开心结了。我一直在想呢,这到底是谁家的孩子呀?你们爹妈那一辈人里要说谁长得最漂亮,第一个就要数佐藤良枝姑娘呢。书读得又好,还当过美寄高中的学生会长呢。哎呀,进来进来。早知道是这样,该请她们吃碗赤豆年糕汤来着。"

"打搅您啦。"少女说着,推开办公室的门扉,脱下大衣,整整齐齐地叠好,将手伸向暖炉。见她穿了一身藏青色水手服配以白色蝴蝶结,乙松愕然一惊。

"咦，你这身校服，不是跟从前美寄高中的一样么？如今他们已经改成运动西服了。嘀嘀，这一来简直就是又一个良枝姑娘嘛！"

"道立高中[1]的校服，现在还是这种居多。"

历历在目地，乙松想起了最后的鼎盛期时，挤满了高中生的候车室内的喧哗。每天早晨，都会有约摸三十多件"金纽扣"[2]和水手服挤在这里。发车前，乙松逐一点名确认，妻子则端上赤豆年糕汤或甜酒酿款待他们。

"这是过年时做的，吃不完呢。来来，别客气。"

少女坐在榻榻米房间的门框上，接过了赤豆汤碗。

"圆妙寺的大和尚，家里一下子来了三个这么漂亮的孙女，这个年一准过得很开心喽。"

少女用汤碗暖着冻僵了的手，扭头看了看里间。

"收拾得好整齐呀。"

"俺这人就是这德性。再加上白天也没什么事可做。"

不经意地答了一句之后，乙松暗想道：这个圆妙寺的臭和尚，就会乱嚼舌头！六旬鳏夫的生活让别人如此看透，不免有些难堪。

少女嘬起花瓣一般的红唇，啜着赤豆汤，不时蹙着伶俐的眉头，直勾勾地瞅着乙松。

"咋呢？乡下的站长瞧着稀罕么？"

---

1 是北海道地方政府公立高中。
2 指装饰有金纽扣的校服。

"不是呀，没那回事。是叔叔您的制服，好神气啊！"

"是这身衣服么？"乙松展开双排扣旧制服的袖管。

"新制服也有，不过还是这身好，俺穿惯啦。"

玻璃窗外，雪开始低吼。

"啊呀呀，雪越下越大呢。在这里多待一会儿吧，这风是横着吹过来的呢。"

没听见回音，乙松扭头一看，只见少女曾几何时走进了榻榻米房间，正凝眸瞅着乙松的收藏品。

"哇啊！D51蒸汽机车的车牌！"

"咦，你也喜欢这玩意儿么？"

"这个，要值三十万日元哦！不得了，还有这么多珐琅方向牌！"

"哟嚅！这不是要吓我一跳嘛。你原来是个铁道迷呀。"

"我吧，在学校里是铁道同好会的。女孩子就我一个人。"

"嚄嚄，这可够稀罕的呀。"

乙松心情大好。这个车站，每年也会来上一两个城里的铁道少年。向他们讲述国铁美好的往日，对于乙松来说便是无上的快乐。海阔天空地谈论铁道，有时还为他们提供住宿。然而，这些少年从来不曾再访此地。仅有一节车辆的内燃机车来而复往的地方支线，作为他们趣味爱好的对象，也未免太过寂寞了。

乙松兴致勃勃地讲解起来。珐琅制的行车方向板，机车车牌，种种撤卸下来的零件和旧车票，存放路牌的容器，在别的车站已经销声匿迹，这里尚在使用的日期印字机。

"喜欢的话，什么都行，你只管拿去得啦。反正这——"

反正这个春天这条线就要废除了。乙松欲言又止，闭紧了嘴巴。

"可是，我没有钱耶。"

"钱吗？不要你钱。别客气，拿去好了。"

"真的是拿走什么都行么？D51的车牌也行？"

"对呀，当然行。圆妙寺的大和尚帮过俺好多忙，俺家也算是庙里的施主呢。"

女孩吃完了赤豆汤，好像熟门熟路似的，消失在了厨房里。

"行啦行啦。那些活你不必干的！"

昏暗的厨房里，少女将百合花一般的水手服背影朝向乙松，开始用起自来水来。

"喏，伯伯，再说点给我听听。"

圆妙寺的臭和尚，既是这样，你先悄悄给俺打个电话不就得了么？乙松心忖。

不过转念一想，没准儿和尚也是为俺着想呢。倘若不是这个姑娘来了的话，自己肯定大天白日里就喝起酒来，一觉睡到傍晚那趟车抵达时分才起来吧。

恐怕连仙次也串通一气，想安慰安慰俺吧。乙松想道。

那天，幌舞一场暴风雪刮得昏天黑地。

老旧的站舍，掩埋在无声无光的纯白之中。

少女绝非饶舌的人，但在倾听老站长娓娓追述往事时，却自始至终满怀感动。连自己都觉得奇怪，乙松信马由缰，将整整半个世纪的牢骚与矜夸都道出了口来。

这是一些深藏在古旧制服心口里，好比是同机车的油烟、煤渣的手感一道，沉渣一般凝固了的记忆。每当道出一桩往事，乙松心里就实实在在地变得松快一点儿。

因为特需而繁荣一时的年代。站舍里躺满了尸体的煤矿事故。出动了机动队的劳动争议。还有仿佛熄灭的灯盏一般，逐一关闭的矿山。

被问及最痛苦的是什么事情时，乙松没有提到女儿的死。因为那是私事。作为佐藤乙松，此生最大的苦痛当然就是女儿之死，第二则无疑便是老婆之死了。然而身为铁路上的人，乙松最感心痛的，却是年复一年站在站台上送走集体就职去的孩子们。

"——比你还要小个两三岁的孩子们耶，就泪流满面地背井离乡而去了。我又不能哭出声来，还得拍着孩子们的肩膀，笑着鼓励他们：'好好干啊！'这种时候最伤心啦。就这么站在月台的尽头举手敬礼，一直到火车看不见，汽笛听不到了才放手。"

如此说来，那时候仙次就是火车司机。集体就职的火车，一路汽笛长鸣。

开火车的就是这样，不管何时，都不得不以拉汽笛代替流泪，以挥旗代替挥拳，以捏着嗓子呼唤口令代替大声吼叫。所谓铁路人的辛酸,就是这样一种实态。

"啊呀呀,瞧俺,只顾说话忘了时间,末班车该到呢。等俺干完了活,就送你回寺院里去。来,穿上这个,别感冒喽。"

乙松把棉袄给少女披在肩上,走进站务室里,穿上外套,把帽带在下颚系好,提着信号灯走出站舍。挂钟敲响了七点。

三两下清扫完积雪,乙松立在了月台的最前方。隧道里现出光环。冲破雪幕而来的,是DD15拉塞尔除雪车的雄姿。

一看到牵引着空无一人的内燃机车,喷吐着雪末飞驰而来的拉塞尔除雪车,乙松立即打心底感到了过意不去。既然直到最后都听任俺固执己见,那么退职金和养老金可不能再领受啦,他心想。

右手举起信号灯,左手指头笔直地指向铁道,乙松压低声音,挤出一声口令。

与年轻的司机一道,熟识的操作员走下车来。

"啊哈,阿光呀。今天可不得了啊。来歇一歇,吃碗赤豆汤再走。"

"谢谢啦,老乙师傅。这就得赶回去给干线扫雪呢。我去小个便就走——对啦,这是机务段大伙送你的。"

操作员递过来一只豪华的果篮。

"别价。还有三个月呢,现在就送饯别礼物,可太早呢。"

"跟你说不是的嘛。给供在佛坛前噢。"

两位乘务员摇晃着肩膀,朝着厕所奔去。

送走扫雪车之后，乙松拎着机务段送来的礼物，回到了站舍。

虽然嘴巴上假装糊涂，其实这是为何而赠的礼物，乙松心中一清二楚。机务段的老朋友们全都把雪子的忌辰记在心里。仿佛递交路票一般，漫不经心地把供品递了过来，而乙松也默默地受纳他们的好意。

乙松站在木框检票口，取下落雪的站长帽，朝着车轮声渐去渐远的昏暗雪原垂首致意。

这么豪华的果篮，如何吃得完？送她回家时顺便把这果篮也送给庙里作供物得啦。乙松忖道。

"走呢！小阿姐回家呢。把D51车牌带去！对呢对呢，那个娃娃可别再忘啦。"

边说着，边打开气雾朦胧的站务室门时，乙松悚然一惊，停下脚步。

（……孩子她娘！）

不不，不对头。然而小巧玲珑地端坐在榻榻米上，身着红色棉坎肩的背影，一瞬之间看上去就像是死去的婆娘。

"怎么啦，伯伯？来，吃饭喽。"

"哦呀，这么丰盛的饭菜，都是你做的么？"

"未经许可就把你的冰箱打开啦，对不起咯。"

"没什么没什么……可这么一小会儿，你就把这么多东西全做出来啦？"

小小的矮脚餐桌上，整整齐齐地摆放着鱼干、炒蛋和熬白菜，双人份。

"这，我可以用么？"

一边盛着刚刚煮好的米饭，少女笑嘻嘻地端起饭碗和筷子。

"那是俺那死去的婆娘的碗筷，不嫌弃的话，尽管用好呢。——啊呀呀，伯伯可是大吃一惊呢。原来你菜做得这么好！"

"电饭煲太费时间，所以我是用煤气灶煮的饭。米浸的时间不够长，说不定有点儿夹生呢。"

"哎呀，光用剩下来的东西就能做出这么丰盛的饭菜！你真是个会持家的孩子啊。伯伯简直就像中了魔法一样耶。那，俺就不客气啦。"

"我吧，梦想就是嫁给铁路人做媳妇，不做得这么快，可不成吧？"

"嗯。合格呢。"

味噌汤刚入口，乙松与其说是震惊，毋宁说是感到不可思议。正是死去的孩子她娘做出的口味。

"好吃吧？"

"哎，啊啊。伯伯不知咋呢，这心里沉甸甸的。"

"为什么？"

假使雪子还活着的话，恐怕就会像这样，跟妈妈学会味噌汤，做来给俺吃的吧。送走了末班车后，总是有这样的晚饭等着自己吧。乙松心想。

乙松放下筷子,并拢双膝正襟跪坐:

"伯伯感到很幸福。这一辈子率性妄为,弄到最后孩子也没了,老婆也死了。可尽管这样,大家都对俺很好。俺真是个幸福的人啊!"

"真的么?"

"是啊,当然是真的。俺已经死而无憾呢。"

电话铃响了起来。乙松趿着拖鞋,走进站务室里。

"喂。哦,是大和尚啊。新年好!啊呀,让您孙女在这儿待得太久啦!啊呀,这孩子太可爱呢。刚刚还做了饭给俺吃呢。"

圆妙寺和尚来电话,并非因为担心孙女久久未归。一番驴唇不对马嘴的对话之后,和尚问道今年的供养打算怎么办。

挂断电话后,乙松竟然不敢扭头回顾,沮丧地一屁股落在了椅子上。和尚的话音犹自萦绕耳际。

"老乙,你该不是年老昏聩了吧?良枝她们,压根儿就没人回来过年哟!"

乙松拿起桌上的塑料娃娃,手指抚弄着泛黄的花边衣裳。

"竟然还会有这种事情么……"

售票窗口的玻璃上,映照出少女的身影。

"……你干吗要骗俺呢?"

冻凝的窗子上,积雪发出沙沙响声,散落开去。

"因为我担心您会害怕。对不起。"

"怎么会害怕呢？世上哪里会有父母害怕自己的女儿呢？"

"对不起，爹爹。"

乙松仰望天花板，忍不住落下了眼泪。

"你从昨晚起，就一直把自个儿长大成人的情景演示给爹爹看来着，对不？傍晚时，你背着双肩书包立正给爹爹看；然后到了半夜里，你又长大了一些；现在又穿上美寄高中的校服，把十七年来成长的情形，展现给爹爹看来着，对不？"

少女的声音仿佛飘落的飞雪一般宁静。

"不是么，爹爹？您从来没过过一天好日子呀。我也连一天孝也没尽过，就死了。所以嘛……"

乙松将塑料丘比特娃娃抱在胸前。

"想起来呢。这娃娃，还是你娘哭着放进你的棺材里去的呀。"

"嗯。那是我的宝贝哦。还是爹爹从美寄买回来的呢，对不？妈妈给织的花边衣裳。"

"这种事情，你居然……爹爹吧，就在你死掉的时候，还给月台扫雪来着。就在这张桌子上写的日报：'今日无异常。'"

"那是因为爹爹您是铁路上的人嘛，没办法呀。这些事，我觉得根本就没什么的噢。"

乙松转动椅子，回眸望去。雪子缩了缩穿着红棉袄的肩头，浮出悲伤的笑容。

"吃饭吧。吃了饭，去洗个澡。今晚跟爹爹睡一起。好么，雪子？"

那一天的旅客日报上，乙松写下："今日无异常。"

半夜里雪停了，幌舞的煤矸石山上，升起了一轮银色的满月。

"哎哟，幌舞线这么热闹，俺还是头一回见到耶。居然满座哎。"

年轻的司机拎着乘务包走在站台上，瞅着KH12的座席。

"那当然啦，这可是连续工作四十五年的站长死了哟。跟一般大人物的葬礼可不一样啊。"

"可那乙松师傅，呃不，幌舞站站长，长得好帅耶。俺也想成为他那样的人啊。你瞧，就倒在了那站台尽头的雪堆里，手里还紧攥着手旗呢，嘴里含着哨子。"

"行啦！这话别再说啦！"

仙次在跨进驾驶台之前，站在月台前端把积雪踏平了。乙松在这里倒下，是在自己同他过了个孤单的新年回去后的翌日清晨。是头班拉塞尔除雪车，发现了俯首向前倒下的遗体。

"好像你那晚也跟车来过，是不？"

"是的。跟机务段的道雄一起，开着除雪车来的。"

"老乙他，有没有什么异常？"

"一点儿也没有。看上去很健康。要是规规矩矩地每年体检就好呢——啊，对啦，您这么一问……"

"咋啦？"

"哇啊，想起来呢。俺吧，跟道雄一块儿借用过厕所。当时俺想给俺对象打个电话，就瞅了站务室一眼。看见里面摆好了碗筷，而且还是两个人的哟。"

"是两个人的么？"

"把俺吓得浑身直起鸡皮疙瘩耶。乙松师傅他，不可能是两个人吃饭呀！"

"那倒也不一定。来个客人什么的，也不是什么怪事。"

"不对不对。俺吧，在乙松太太还健在的时候，在他们家里吃过好多次饭。俺瞧见他太太的饭碗呢。还有吧，他太太的那件红棉坎肩，也放在棉坐垫上面呢。瞅了那么一眼，把俺吓得可不轻呢。"

"你想得太多啦。他跟我说过，常常有村里的孩子来玩的。"

"该不是死神驾临了吧。来接他的？"

"别胡说八道！死神怎么会是那么可爱的小女孩？呃，老乙是有点儿痴呆呢。婆娘死啦，线路被废除啦，人又要退休啦。别管是谁，都会变得痴呆哦。"

"嗯。这么说来，刚才圆妙寺的和尚也在讲呢，说是乙松师傅最近有点儿失常。"

仙次环视围绕四方的幌舞群山。雪后的天空仿佛洒过颜料一般蔚蓝，与朱红的国铁色KH机车十分相配。

"也算是死得其所啦。正站在雪中的月台上迎接头班车呢，脑出血突发，骤然谢世——来！让俺来开。俺要送老乙一程。"

"什么？老爹您要来开车么？"

"别担心。俺可是开过十年D51，还开过十年KH哟。比你小子技术高超多呢。快快！让开！"

仙次推开司机，坐上了KH12型狭窄的驾驶台。

"知道是俺在开车，大伙可都要提心吊胆呢。把遮阳板翻下来——喂喂，乙松师傅上车了么？"

挤满了身穿制服的站员的车厢通道上，摆放着覆盖着织锦的乙松的木棺。

"哎，上车了。这可是好主意啊。用KH把乙松师傅送到美寄的火葬场去。很戏剧性耶，等于是上供啊。不过，打明天起，俺还得连续三个月，跑这趟空车呢。"

"你在说什么呀。阿光你从今晚起就是站长代理啦，就睡在那里噢。"

"哎呀呀，想想就瘆人哪。"

打开古旧的乘务包，仙次取出乙松的遗物。套上棉纱手套，戴好帽檐扭歪了的深藏青国铁帽，在下颚上系紧帽带。沾满油腻的男人气味，令仙次振奋起来。

"发车！行进！"

仙次用力吼出一声口令。

手指指向前方的臂板式信号机，刺目的午后阳光射在了眼睑上。

排列在站舍前的手动道岔机。钉着狗头道钉的枕木。铁轨生锈的货场。跟从前一模一样的幌舞的风景，开始慢慢地动了起来。

当老旧的内燃机车坚实的手感传递过来时，与乙松一起度过的钢铁般的日子涌上仙次的心头。

"老乙啊，你瞧好呢！是俺和你两个，给这个老家伙引导超度呢。"

"俺要哭呢，老爹啊。"

司机站在助手席上，抽噎着说道。

不管世间千变万化，俺们都是开火车的，可不能像普通人那样哭哭啼啼的。仙次咬紧了嘴唇。

驶入隧道里，强劲有力的动轮声震耳欲聋。

"老爹呀，KH的汽笛声好听不？新干线的汽笛，北斗星的汽笛也都好听，可咱KH的汽笛，听了能叫人掉眼泪呢！俺听了，会没来由地就想哭啊！"

"还不够格噢！听了就想哭，还算不上开火车的！"

每当眼泪要流出来时，仙次就将脊梁挺得笔直，使劲地踏响KH的汽笛。

情 书

1

风俗录像带专营店的雇员店长之类,就算人被抓了进去,也不过就关上个两天一夜,即便惹得检察官不开心,吃上了官司,也至多就是被判罚款罢了。

而且与风险相对应,薪酬很高,万一被抓进去了还有奖金。只要不在乎一年吃它一两次牢饭,比起进项菲薄的酒保来,可是远为滋润的行当。

关键是能做到守口如瓶便可。对于像高野吾郎这种混迹于歌舞伎町二十载,尝尽了酸甜苦辣的汉子来说,无疑就是天职了吧。

——谢天谢地获释告别新宿警察署,走在回家的路上,吾郎在没有季节的街市上感觉到了春天的气息。

被处以十天拘留,一时间前景未卜,心忧如焚,结果却被免予起诉,当庭释放。与刑警和检察官的说教相比,反倒是曾几何时悄然变幻的季节,更令人怦然心动。

等到了四十岁,就洗手不干呢,他寻思。记得过二奔三时,好像也曾如此筹算过,然而自打洗手不当酒保之后,照例也是去做了青皮,连续过了八年成人情趣店和游戏店的店长生涯。依照顺序,接下去就该轮到去做街头揽客人的了,再不就是勒索钱财的黑酒吧店长。可对于尽管生性滑头却又胆小如鼠的自己来说,这,只怕是个不太适宜的活计。

黄昏时分的歌舞伎町暑气蒸人,吾郎刚一融入人群里,就将唯一一件还算像样的皮夹克脱掉了。年近四十,倒也有招数转行揽客人,不过这一身多年的皮夹克加牛仔裤的行头,前景却是不妙得很。只怕还得换上一套西装系上一条领带,打扮成一副可资信赖的模样才成。单是想一想每天都得那身装扮,就大倒胃口,更何况还耗资不菲。

十天之前刚刚遭受了抄家之难的成人情趣店,换了块招牌,改了个装修,便早早地又开张营业了。

心忖继任店长是个什么行货?便从贴在门上障人眼目的贴纸缝隙中往里窥视。柜台后面百无聊赖地看录像的青年,长着一张从未见过的面孔。

刚觉得背后似乎有人,脑袋瓜子便被捅了一记。

"你在干吗呢,吾郎?"

方才在新宿警署里话别辞行的保安科刑警,就立在身后。

"哟嗬,还盯上梢了哈。真是无语呀!"

"别想歪了啊。老子哪来的闲工夫盯你这臭小子的梢？"

说着，刑警一把将吾郎从门板上扯了下来，抬脚便走。

"有一句重要的话忘记转告你啦，就开上巡逻车追你来着。谁晓得你小子东遛西逛的，结果倒是老子先到了。就知道你小子反正是要到这儿来的。"

"什么重要的话？"

自己既不是帮派人物，也没遭人嫉恨到刚一释放就又在门前抓捕的地步，他忖道。倘是要讯问其他事件相关信息，那就只好保持沉默啦，吾郎暗自横下了一条心。

"你这小子，真他娘的烦人哪。我说你也别再干青皮了，干脆去拜了香堂加入帮会得啦。这一来也就黑白分明了。"

"我是不会去干黑帮的。那些专门打黑的条子，瞧着就吓人。跟您老可大不一样哦。"

刑警将吾郎的脖颈紧扣在风衣袖子里，折进小巷里。

"来，请你抽根烟啦。"

"我嘛，戒烟喽。对身体不好哦。"

刑警嗤之以鼻，将香烟叼在口中，立在吾郎身前，遮断路上行人的视线，吐出一团烟雾。

"你家里的，死了耶。"

吾郎未解其意，满脸惶惑。

"好好想一想啦，吾郎。你家里的哦。就是你老婆呀。"

"……哦,是么?"

此外无言以对。所谓自己家里的,肯定就是去年夏天一个交情不错的帮派人物叫自己帮忙,于是把户口借与人家的外国打工女。

"今天早上,千叶县警来通知啦。呃,叫什么来着……"
刑警翻开手帐。

"白兰。这名字好听啊。说是这个名叫高野白兰的女人因病死亡,望速来领取遗体。凭什么这种事也要警察来干?就是这事,我可是已经通知到了哦!你赶紧去一趟。"

将写有所辖警署的电话号码与负责人姓名的纸条递交过来后,刑警仿佛避之不及似的转过背去。

"这个……是要我去么?"

"那不是理所当然么!管你是假结婚也罢真结婚也罢,这种事情跟我们半毛钱关系也没有。反正我已经通知到你了。屁股么,得你小子自己擦!"

"就算您这么跟我说,可我……"

"要是你自己解决不了,那我就交给打黑大队啦。如果为了这种小事招来警察追查的话,你小子只怕要被人家活活揍死喽。再见,吾郎,请节哀顺变!"

说完,刑警消失在人群之中。

吾郎仰望着小巷狭窄的天空,喟然长叹。委实是突如其来,然而细想一想,却也毫无不自然之处。死在千叶的那位女子,尽管从未谋面，在户籍上却是自己的妻子。

"真倒霉……"

吾郎姑且朝着去年夏天不管青红皂白硬将此事塞给了自己的佐竹事务所走去。

佐竹兴业虽是某大组织的末端分支，但在附近大大小小据称多达一百五十个的帮派事务所里，却属于后起势力。

在利权错综复杂，势力范围的界线无从谈起，然而却不可思议地保持着平衡的歌舞伎町地图上，后起势力无缝可钻。尽管如此，在泡沫经济之后扬名立万的佐竹，统率十个小兄弟，却也好歹打出了一片天地，那全靠着始终如一坚守职业中介行本业的缘故。

就是所谓人才派遣业。他们口称的"人才"，当然就是外国打工者。不过吾郎这几年也仰仗佐竹为他介绍工作。反正得去打个照面，一是获释之后去打声招呼，二是请他们帮忙再给找份活计。

佐竹兴业的事务所就在职安大街对岸的旧公寓里。三层楼房只有九户人家，当中的至少三间屋子是帮会事务所，其余的大抵成了外国女子们的群租房。

吾郎刚来东京"东漂"时，这一带也还都是吧女与酒保们居住的街市，还有着某种程度的明朗。但现在既不通风又无日照，一年四季都仿佛梅雨季节一般感觉阴郁，这恐怕不是自己年华虚度的缘故吧。

走过每间屋子前都堆放着外卖餐具的走廊，揿响了事务所的门铃。冲着装在门上的监控镜头，吾郎满脸堆笑：

"我是吾郎呀。承蒙多方关照啦。"

解锁开门，曾经几度前来探监送东西的年轻人探出脸来。

"啊，您吃苦头啦。请进来。"

少年显然是暴走族出身，眉毛、前额都高高地剃起。自称是外甥，前来探监送饭送换洗衣物的，一准都是帮派里的小喽啰，然而警察对此却也不说三道四。

两间六叠大的房间纵向排列的老式结构，一进门是小喽啰的居室，摆着双层床。里间则是事务所。这种地方也彰显出了年富力强的首领佐竹稳健的性格。

"老板，吾郎大哥来了。"

坐在钢质写字台前打着字的佐竹抬起银行职员般的脸孔。

"哟！苦了你啦。来，坐吧。——阿聪啊，来杯咖啡。吾郎老哥是要美式的。"

瞅准小喽啰起身走进厨房，吾郎突然开口：

"刚刚听保安刑警说……"

"哦，我这儿也来过电话啦。你是说千仓的事吧？"

"千仓？……啊，是那儿么？是在千叶县的千仓呀。"

吾郎从夹克口袋里掏出刑警递给他的纸条。他搞不清楚千仓这座小城在千叶县的什么地方。

"我该怎么办？那边的警署指名叫我去呢。"

"怎么办？吾郎老哥啊，那还不是只好这么办么。总不能叫我这个八竿子打不着的人出头露面喽？"

"可不是来过电话了么？"

"人家只是来问了问'吾郎去了没有'哦。说是你老婆死了，我一时还慌了神。转念一想才明白过来，原来说的是那个娘们儿嘛。"

小喽啰端来了速溶咖啡。

"做的是美式么，阿聪啊？"

"是的。"

"对啦，你就跟着吾郎老哥跑一趟。他一个人去的话，只怕会感到心虚。你就说是他外甥，就没事啦。"

"等一等呀，老板。"吾郎探出身去。事到如今，想想也别无他法了，可事情恐怕不是嘴巴说说那么简单。

"我可连那女人长什么模样都不晓得呀。要是警察呀医院问起话来，我岂不是没法回答么？"

"知道知道。你别想得那么复杂。"

说着，佐竹从桌子抽屉里拿出一个活页夹。一边翻动厚厚的纸页，一边哄劝他：

"你运气不错呀。户口出借费五十万，不就等于是白赚了嘛？下次想结婚时，只要说是老婆过世了，那不比离婚有面子多了么？你要是还不打算成家的话，我立马就能让你再结一次婚！再赚它个五十万，如何？"

"这个么，呃，我倒也想白赚一笔，不过……"

"找到啦！康白兰。你知道中国话是怎么念的吗？Kang Bailan。好名字啊！南无阿弥陀佛！"

"Kang Bailan……"

"对。原来的姓名。结婚以后，改叫高野白兰了。老公好像在新宿管理一家录像带出租店。也不容易啊，双职工家庭。呃，反正你老婆的简历全都写在这儿啦，你在路上背熟了就行啦。另外还有照片、户籍誊本、居民卡、护照复印件，一应俱全。咦，这是什么玩意儿？"

文件中夹着一个淡蓝色的信封，上面用漂亮的汉字写着"高野吾郎先生亲启"。

"啊，我忘啦。这是吾郎老哥你被抓进去那天寄到的。不知道是情书还是遗书，不过，是什么都不要紧啦。一起放进去了哈。"

在塞满了文件的长方形信封上面，佐竹放下一个还扎着封带的一百万钞票捆。陡然地，表情变得严肃起来。

"五十万是到今天为止的劳务费。剩下的那五十万，你拿去贴补医院和火葬场可能出现的亏空，大概足够了吧。没问题了吧，吾郎兄？"

直到吾郎和阿聪两人走出事务所，佐竹再也没有露出笑容。

2

高野吾郎大哥：

　　昨天早晨，我突然肚子疼，坐救护车来了医院。是在和客人分手之后，所以不要紧。请宾馆的人帮忙，喊来了救护车。

　　好像很糟糕，所以我决定给中国的家里和吾郎大哥写信了。夜里偷偷写的。疼得睡不着觉，所以写信。不过，我猜明天我就不能写信了，所以夜里偷偷写。

　　感谢你跟我结婚。谢谢。

　　十月和十二月里入管[1]来了。可是我已经跟吾郎结婚了，所以入管和警察那里都没有去，一直都在工作。

　　这里大家都很和善。帮里的人还有客人都很和善。海和山优美而平静。我想一直在这里工作。

　　谢谢！就这一句话。听得见海的声音。吾郎大哥你也听得见吗？

　　大家都很温柔，不过，吾郎大哥最温柔了。因为你

1　法务省"入境管理局"的简称。

愿意跟我结婚。

谢谢。多谢。晚安!

白兰

"你认识这个女人吗?"

特快列车驶离东京站地下月台后,吾郎问阿聪道。

"认识呀。还是我送她到千仓去的呢。白兰和另外两个人。那两个人因为签证过了期,去年就被驱逐出境啦。"

打开简历。一九七一年出生。西历这玩意儿,咱可玩不来。

"一九七一年出生,今年多大?"

"这个么,我是七八年出生——二十四五岁,大概差不离吧。"

"尽是些怪里怪气的汉字,根本就看不懂。说是上海的日语学校噢。她会说日语么?"

"会呀,说得很好噢。那么会说,其实不去千叶,就在新宿也能赚到钱的。得怪身体不好啦。"

"她有病么?"

"要是这么说的话,那帮娘们儿差不多都有病哟。倒也不是什么艾滋什么的,都是肝有毛病。叫作什么病毒性肝炎。反正她们也不去看病,所以立马就变成了肝硬化,年纪轻,进展快,说死就死掉了。您知道么?她们都带着一大堆中草药,像什么煎药之类,以为只要吃了那玩意儿就能治病呢。"

"你很熟悉情况嘛。"

"我就是吃这行饭的呀。"

阿聪松开跟他那孩子脸不相配的领带，不无自豪地讲起了工作上的辛劳。对于中介行业来说，女人们就是商品，健康管理最让他们费心思了。

"这种毛病，要是早带她们去看的话，根本就不算个事。可她们害怕非法打工的实情败露，都不肯去。又没有保险证，医药费也不容小看。硬是要撑到腹水越积越多，客人都感到不满了为止。等到用救护车抬进了医院，就已经无力回天啦。"

"这，也一样喽？"

阿聪凑了过来窥读信文。

"哇啊，字写得好漂亮！文章倒是一塌糊涂。"

"那当然啰！人家那可是汉字的国度哦。"

"……怎么有点儿催人泪下呢。这句'感谢你跟我结婚'什么的。"

"搞不清楚自己到底是做了件好事呢，还是做了件坏事。你说呢？"

"人家不是说了感谢您么，应该是好事吧。"

列车驶上了地面。湾岸的高层建筑开始点亮了灯火。春雨斜打着车窗。

"咱们没带伞来呀。"

"所以我说别这么慌慌张张的,等明天早上再过去嘛。"

"那样就显得奇怪啦。死了老婆,却还要等到明早再去的话。"

"就没个有驾照的家伙么?"

"事不凑巧,大伙都忙着呢。全国各地到处跑喔。"

"要是请老板帮帮忙就好啦。"

"不行不行。老大要是被那边的警察追问起来的话,那可连一下子都招架不住哦。"

车内售货推车过来了,吾郎买了罐啤酒。

"我不会喝酒,来罐乌龙茶。我说吾郎大哥啊,您也别喝为好哦。您可是给老婆奔丧去的呀,喝得醉醺醺的可不合适哟。"

"这怎么可以不喝呢?首先你想想看啊,我今天可是刚刚无罪释放哦。本来的话,这会儿应该正在举杯庆贺呢。"

干渴的喉咙里,啤酒渗透到了每一个角落。很苦很苦。蛮不讲理的滋味。

"我是遭了什么报应,摊上这种倒霉事?你说我到底干了什么坏事?她长什么样我都不晓得,连名字也都是今天才刚刚知道哦。跟不认识的女人结婚,倒也还能理解。我可是不认识结了婚的自家老婆哦。而且头一回相见就是面对遗体!这简直就是漫画嘛,漫画——"

一边发着牢骚,一边从文件袋里拿出了照片,吾郎顿时哑口无言。

"啊哟喂……这,阿聪,就是这个人么?"

那是一张护照用的小照片。

"长得漂亮吧?送她过去的时候,我就坐在她旁边,心里扑通乱跳哟。真人可不是这个模样。我心里还在琢磨呢——几时偷偷去玩一玩。"

Kang Bailan,这个美丽的名字仿佛音乐一般,萦绕在吾郎的耳际。

"佐竹老板也是个坏家伙呀。早知道她长的是这副模样,蛮好当真把她娶回去做媳妇呢。"

"那可不成哟,吾郎大哥。我们这可是做生意呀。除非您替她全额偿还欠下的账,还得另外支付违约金。那可是一笔巨款哦,一准。光预支款大概就有三百万,再加上今后的收入跟工钱,就算你多付一倍,老板也不会答应的。"

"这么说,佐竹老板损失惨重喽?"

"损失大概也没什么损失,不过计划被打乱了。一放下电话就大发雷霆,吓得几位兄长都溜出去了。不过,一下子就甩出来一百万,果然了不起呀。我可是刮目相看哦。"

雨下得更大了。

3

乘客大都在木更津下了车。巨型化工联合体那令人炫目的光芒渐去渐远,列车沿着漆黑的海岸疾驰。

在馆山,最后一名乘客下了车。到达终点站千仓,月台上下来的就只有吾郎和阿聪两个人了。绵绵春雨如烟,笼罩着前射灯光。

小小的候车室里阒然无人,长椅上一只灰猫悠然长睡。吾郎不觉讶然,这时是晚间八点。

只有一辆出租车停在站前。司机倚在方向盘上,窥探着客人的脸色。

阿聪从电话亭子跑了回来。

"要咱们先弯到事务所去一下。于情于理,差不多也该这样。"

"恐怕有点儿危险吧。我可是别管问什么话,都是一问三不知哦。"

"吾郎大哥您不必去。我去打个招呼就来,您就等在车里好了。"

"像你这样的,去了有没有用啊?"

大约是不满意吾郎的口气吧,阿聪剃过的眉毛高高地扬起:

"老大之间都已经谈妥了的。我就是去打个招呼,告诉一声我们已经到了。"

吾郎以为事情简单至极。雨中的站头只有很少几家小酒馆，霓虹闪烁着朦胧的灯光。微微传来湿润的气息。

不会是在做噩梦吧？倘是在与平素无异的杂居牢房里醒来，把这场梦当个故事讲出来，一定会大受欢迎吧。

然而倘是现实——吾郎陡然想象起去年夏天站在这个站台的从未晤面的妻子的形象来。对于女人而言，这座黑暗的终点站，一定就是万劫不复的地狱。

"肯定就是小事一桩啦！"

吾郎自我安慰道，坐进了出租车里。

车子刚刚起步，站前鳞次栉比的房屋便到了尽头，道路两侧变成了农田与杂木林。顺着徐缓的丘陵朝着大海笔直前行。黑暗尽处，仿佛流星般的车前灯来来往往。那里大概是海滨公路，松林背后就该是大海了吧。

"咋样，吾郎大哥，这地方不赖吧？"

用不相般配的双排扣西服肘部揩拭着车窗，阿聪讨好似的对吾郎说道。

"谁知道赖还是不赖，这伸手不见五指的，什么也瞧不见嘛。"

"既没有度假酒店，也没有高级公寓，差不多全都是别墅跟职工宿舍哦。所以海滨也没什么游客。我夏天来的时候，跟那帮家伙游泳游了一整天呢。"

"那帮家伙？"

"就是那帮娘们儿。给她们买好了泳衣，就在那块海滨。我记得白兰好像穿的是藏青色比基尼。"

"哦，那可对不住你啦。"

吾郎不由自主地如此说了一句，又闭紧嘴巴。不对头。一味思索着从未晤面的妻子，不觉间心情变得阴郁万分。阿聪充耳不闻，以为吾郎是在说笑。

"菲律宾娘们儿都是小个子，可中国人个个都人高腿长，简直就像模特一样耶。皮肤又生得好。她们仨都说是头一回下海游泳，开心得不得了。"

栩栩如生地，吾郎想象起白兰戏浪玩水的身影来。骄阳下跃动的藏青泳衣，绚烂夺目。

汽车很快就停在了海滨公路边一家孤零零的酒吧前。这是一座厚厚地涂着白油漆的二层小楼，飘窗上闪烁着小电灯泡，悬着一块煞有介事的招牌。蒙蒙烟雨中，霓虹灯管吱吱鸣响。

让车子原地等候，阿聪脚踏着沿着店墙设置的铁梯走上楼去。一楼是酒吧，二楼看来是事务所兼住家。面朝大海的窗户上，忘记收回的内衣裤淋湿在雨中。

"这种地方，真会有客人来么？"

司机脱下帽子，打着哈欠答道：

"来的客人还不少呢。电车收班后，我每次开车到这里来，都能拉到去汽车旅馆投宿的客人。"

"是本地人么？"

"不是。本地人倒不怎么来，大概是怕被别人瞧见吧。都是些钓鱼客，再不就是到疗养院来的人。"

伪称钓鱼，跑到这儿来寻花问柳，兴许不失为良策。前日晚上找个娘们儿共度春宵，翌日一大早便乘船出钓，这个玩法倒是十分合理。跟臭味相投的伙伴如此使用公司的疗养设施，只怕要比去蹩脚的温泉旅行更为有趣。

"整个日本，别管去哪，大概无处不有吧。警察也不会像在东京的闹市那样烦人，除此之外再没有其他好玩的去处，不必眼睛瞪得铜铃般大，吹毛求疵乱抓人。"

不过五分钟左右，阿聪就顺着楼梯走了下来。的确是小事一桩。

"他们问要不要把她的行李带走。你不会要的吧，吾郎大哥？说是又没什么值钱的东西，存款也是一个大子儿也没有。也不知道是真是假。"

总不至于一文不名吧，不过至少这不是该由我声张的权利。总而言之，自去年夏天以来，那女人在这座房子里住了八个月。

出租车折下海滨公路，驶向警察署。不露声色地，吾郎扭头回顾后窗。白色的房屋仿佛幻影一般，伫立在松林中。

在小小的警察署前停下车，就连吾郎也蓄势待发，用指尖书写女人的名字，反复背诵出生年月日。

毕竟是半天前刚刚从新宿警署开释的身子。

"会不会查问我的身份哪？不妙啊。到底是今天刚出来嘛。"

"跟你说没关系的。又不是吾郎大哥你杀死她的。倒是能够证明身份的东西，你带来没有？"

吾郎既没有驾驶证，又没有护照，连信用卡也没有。摸了摸夹克口袋，里面装着保险证。不是为防不测患病受伤，而是借高利贷时用得着。

"保险证行不行呀？"

"啊，那个就成。说不定，那上面还有你太太的名字吧？"

那是一张新的国民健康保险证。听阿聪这么一说，吾郎方才知道被保险者姓名栏里写着妻子的名字：高野白兰。

"我稀里糊涂倒给忘了，这玩意儿，倒派得上用场。肯定还有些医疗费什么的得付钱呢。"

和平宁静的海港小镇警察。咨询窗口的女警官简直就像银行的大堂经理一样，笑脸相迎。

说明来意后，女警官用同情的目光看了看二人。手拿文件出面办理此事的，是年届中年的巡查长，胸牌上写的，并非新宿警署刑警讲的那个名字。大概办案者已经下班回家了。

"呃，您是她丈夫吗？"

"是的。我就是高野。这次太给您添麻烦了。"

警官诧异地看看吾郎，然后将目光转向阿聪花哨的西服。

"这位是……？"

"我儿子。"

心想要比伪称外甥更加自然，脱口便如此答道。就年龄差别而言也并无什么可疑之处。

"儿子？一定不是仙逝者的儿子喽？"

"是我前妻的孩子。我老婆很疼他的。"

长台下，阿聪的脚尖踩了踩吾郎的鞋子。是想告诉他，别多嘴惹事。

"有没有可以证明你身份的东西？"

"保险证行不行？"

警官将被保险者号码与住址抄了下来。

"咦，你儿子不在上面嘛。"

"这小子户口在他娘那边。她那后夫不是个好东西，家庭关系不和。所以这小子跟她反倒比跟亲娘还亲。"

阿聪的脚尖加重了力气。哪怕扯谎也成，吾郎就想把自己同白兰的关系说成真正的夫妻关系。

"谁承想跟前一个老婆之间乱七八糟的事情好不容易才解决，正打算搬过来住一起呢。嗨！因为分开住了一小段时间，所以我还不晓得她身体这么糟糕……大概是不想给我添麻烦吧……就是这么个人哪，她。"

阿聪正想往后退，吾朗一把将他拉了过去。阿聪在颤抖。

"哟……好像事情还蛮错综复杂嘛，难为你啦。呃，医院吧……"

阿聪卸去了力道。警官没再多问，摊开地图，说明医院的位置。

"接下去就你们自己去办了。辛苦啦。"

太草率了，吾郎心想。浮想起整整十天时间刨根寻底盘问不休的刑警以及冷言冷语不绝于口的看守那一张张面孔来。自己也罢，从未见过面的妻子也罢，有生之年自始至终饱受执拗的追逼，被追查得体无完肤，等到死后，就一句"辛苦啦"便打发过去了。

"这就算完事了么，警察这边？"

"嗯？"刚要迈步离去，警官又回过头来。

"不需要说明么？做笔录啦文书什么的。"

"哦，不需要那样。"

"这是为什么？"

见吾郎面露怒容，阿聪扯了扯他的衣袖。

"为什么？因为她并不是非正常死亡。警方介入，只能是发现尸体，或者是病情突变被送进医院后在二十四小时以内死亡这种场合。就是说，过程不清晰时，才会由法医来做鉴定，进行行政解剖。而您太太在这一点上情况很清晰。"

吾郎还打算回嘴，阿聪一把将他从窗口拖开了。

"对不起。我家老爹他有点儿心烦意乱，因为事情发生得太突然了。好啦，咱回家去。"

吾郎将差点儿就脱口而出的话吞了回去——我把户口卖了五十万。那个女人，老子连见都没见过。那家伙是从连海是个什么模样都不晓得的中国乡下来的，被黑帮卖来卖去，债务缠身，到末了连病都不敢瞧，就这么死掉了。这还不奇怪么？情况怎么就清晰了？难道这还不算奇怪么？

"好险哪！吾郎大哥，你这是咋回事？"

跑出大门，阿聪压低了嗓门，说道。

"可你瞧，这也太草率了吧。不管是佐竹老板也好，这边的老板也好，还有你也是。这可是死了一个人呢。"

"您说什么呢，吾郎大哥？您可得清醒点哦。"

"他竟然说什么'在这一点上情况很清晰'。明明是一点儿也不清晰嘛。为什么一个中国女人，死在了这种暗淡的外国乡下，突然跑来一个男人自称是她丈夫，要把她接回去。这还不怪么？这不是一点儿也不清晰么？"

"很清晰的嘛。"

说着，阿聪将吾郎推进了出租车里。

"瞎说。哪里清晰了？浑蛋警察，咋就不怀疑呢？死了，就不管不问了么？"

"跟你说不是那回事。人家全都一清二楚吧。你想想看啊，吾郎大哥。人家可是直接把电话打到东京所辖警署还有我们事务所来了哦。全都一清二楚。非常清晰哦。"

"那为什么不把我抓起来？佐竹也好，你也好，为什么都没被抓起来呢？"

"这我咋知道。大概没这法律吧。"

"别瞎说啦。这不就是组织卖淫、非法打工、绑架监禁么？卖张黄碟给那帮色鬼还得关上个十天呢，为什么人人都无动于衷？难道不是我们大伙一起杀了那个女人么？"

阿聪咂舌，一把推开吾郎：

"你算了吧，吾郎大哥。真是土鳖啊，十天把你关傻了，是吧？"

车子沿着海滨公路疾驰，向医院驶去。

4

那是一家雄伟的综合医院，甚至与这座海港小城不相匹配。

据司机说，好像是本地一位名士打算实践美国式的医疗，便请来了一流的医师团，引进了先进的医疗器械，不用说东京的大学附属医院了，就连国外也会有患者转院前来就诊。

值班医师的说明也很简单。将肝硬化引发的腹水排出后，病状一度趋于稳定，可到了第三天突然静脉瘤破裂，于是无术回春。据说患者在意识清醒之际，始终拒绝与家属——也就是吾郎——联系。

在中年女护士引导下，走向位于地下的太平间。房间出乎意料的明亮又洁净。在钢椅上坐下身子静候片刻,从走廊尽头搬来了一具担架。

"不必担心,她很漂亮的哦。我们这里用的可是美国式遗体保存法呢。"

担架放在雪白房间的中央,揭去塑料床单,露出了绝难相信已然化作尸骸的女子美丽的面容。

"把血液抽了出来,再把凝固液填注进去。因为放在冰柜里,所以是冷的,不过脸色很好看吧?"

美丽的女子。一想到这就是自己的妻子,吾郎再也忍不住,抱住冰冷的面颊,放声恸哭。

女护士合掌致哀后,走了出去。阿聪提心吊胆地摇了摇吾郎的肩膀。

"你要振作点儿呀,吾郎大哥。你这到底是怎么啦?"

吾郎也觉得自己不对头。打孩提时分起,就不曾有过哭泣的记忆。

"当然是很可怜喽。不过,这哭得也太没来由啦。真受不了啊。你不会是假戏真做了吧,吾郎大哥?"

一个素不相识的外国女人的死,何以会如此悲痛呢?尽管连吾郎自己都觉得令人狐疑,眼泪却奔涌不止,吾郎就像头野兽一般,边号边泣。

"咱们还有好多事要办呢。明天得去区政府办手续,说是得火化了,把骨灰带回去。这件事由我来办,好不好?我去给葬仪公司打电话。"

阿聪叹息着才走了出去，女护士便接踵而至，带来了简易床与毛毯。

"不介意的话，这些就给您用了。稍稍休息一下为好哦。"

终于，吾郎想到了悲情的所在。自从在列车里读了女子来信，自己就不对头了。

依旧跪在担架旁，吾郎从女子胸前抬起了脸。半地下的窗上，雨点飞溅，涛声似在耳边。

信中的句子又苏醒过来。

这里大家都很和善。帮里的人还有客人都很和善。海和山优美而平静。我想一直在这里工作。

谢谢！就这一句话。听得见海的声音。吾郎大哥你也听得见吗？

自己在毫无和善可言的地方，竟然生活了二十年！吾郎想道。

那天夜里，他做了这么个梦。

那是很久以前就已抛弃了的，北方的故乡。

当鄂霍次克海退潮时，湖心就会露出浅滩。那是遍布着渔民们采作食粮的花蛤与牡蛎的小岛。

哪怕外海涌来了流冰，湖水也绝不会冻结，涨潮又落潮。渔村里虽然没有任何娱乐，人们却不曾挨过饿。

向着岸边,哥哥一面划桨,一面说道:

"不过吾郎啊,你那媳妇可是个大美人哪。在东京这二十年可没白找唉。"

"啊呀呀,阿哥你这么说,可叫俺难为情啦。喂!喂!"

海边小哨棚前,白兰在招着手。脚边,两个小孩子正在玩耍。

"人又漂亮,气质又好,你小子是癞蛤蟆吃上天鹅肉呢。"

"阿哥呀,俺打算往后就在这里过日子呢,行么?"

"行呀行呀,不碍事的。花蛤也好,牡蛎也好,要多少有多少。你和你媳妇再加上俩孩子,根本就不算个事。"

"俺娘跟俺爹他俩,会原谅俺么?俺可连葬礼都没回来参加呢。"

"没事。他俩都是,放心不下的,就只有你呢。一准会开心的。"

船首划上了浅滩,小船停了下来。

"咦,跑哪儿去啦?白兰!白兰!"

吾郎彷徨在海滨,找寻妻儿。回头一望,只见湖被白茫茫的一片大雾吞噬了。

"吾郎哥!"

传来白兰银铃一般的唤声。干透的砂砾淹没到了长筒胶靴的脚踝部,举步艰难。

"喂喂!你在哪儿呢?"

吾郎手做话筒状,呼唤妻子。

"吾郎哥——"

循着声音,吾郎爬上沙丘。

"吾郎哥,我,已经死啦。所以,不能跟你过日子了。"

"岂有此理!俺可是巴巴地赶回来的呢,你倒好,竟然说出这种话来。俺一定会拼命干活,让你过上好日子的。从前你吃了那么多苦头,俺一准加倍补偿你。所以你千万别死噢。来,咱上医院去!俺背你去。跟俺到医院去,咱把肝病瞧好喽!"

吾郎在雾中弯下腰去,将白兰送上了后背。

"不必了,吾郎哥。谢谢你了。谢谢!"

脚下,红紫色的野玫瑰盛开。

"你咋会变成这个样子啦?这可咋一起过日子呢?又不能吃饭,又不能喝酒,也不能跟你同床共枕呢。"

花儿仿佛窃窃私语般,摇曳着。

"谢谢你,吾郎哥。我已经不需要了。客人们都很温柔,不过吾郎哥你最温柔了。因为你肯跟我结婚。"

吾郎的泪珠滴落在花瓣上。

"俺算什么温柔呀。黑帮警察还有嫖客,个个都欺侮你。最坏的就是俺呢。俺把户口卖了五十万,可那笔钱,俺三天就花了个精光。那钱,你也是用身子还的,对不?一边吐血,一边还的,对不?俺们这帮家伙,都是魔鬼啊。都是吃你的身子不吐骨头的魔鬼啊。魔鬼咋会温柔呢?"

吾郎将沉默不言的花儿连同大地一块紧紧搂住，低声吼着，倾诉衷情。

"你什么也不用再干了。跟俺结婚吧。"

5

深灰色的大海烟雨蒙蒙，从车窗边掠过。

抱在膝上的骨灰，暖意久久不去。

"算什么名堂嘛！你可得付我点儿小费噢，吾郎大哥。别管什么事都叫人家去干。"

阿聪将疲惫不堪的身体埋在座位上，打着哈欠说道。

"你这不是学到了好多东西么。你小子今后是要在歌舞伎町混饭吃的，这种事情只怕还得来上好多次呢。"

"别说瞎话啦。你可好，钱到手了，还只管哭。俺就拿那么点儿工资，干什么还非得讨少爷们的好呀？真没劲——啤酒，你喝不？"

买来车厢内售卖的啤酒与下酒菜，阿聪喉咙咕咚作响，大口喝着尚未喝惯的啤酒。

"当心警察教训你噢。"

"管他呢！倒还不如干脆进少管所去——不过吧，瞧这样子，吾郎大哥啊，你当真不认识这个女人么？"

阿聪指头"啪嗒"一下,敲了敲骨灰盒。

"嗯。我不认识她呀。"

"谁相信呀,这种话。跟你说啊,我不告诉老板,你就跟我说实话吧,你跟她干过几炮?"

吾郎掉转过脸去,眺望着夕阳流连不落的大海。

"这么说的话,吾郎大哥,你得去医院瞧瞧才对啊。昨晚大夫不也说了么?病毒性肝炎症状不大容易表现出来。咦,他就是跟你说的呀,吾郎大哥。说要是传给了你就糟糕啦。"

"跟你说,我什么都没干过。连面都没见过。"

"瞎掰!绝对是瞎掰。那,你全是在假哭喽?又是哭得瘫倒在尸体上,又是哭晕在火葬场焚尸炉旁,又是哭哭啼啼地捡遗骨。连我都难为情死呢。"

"要是真那么会演戏,我早就该搞出点儿名堂来了。我是因为感到她可怜才哭的。是被弄哭的。"

"……我已经没法相信了,你这些鬼话。"

"你在歌舞伎町再混上个二十年,就会懂啦。哦,就怕你没那个狠劲啊。"

吾郎想起了葬礼上的凄凉情景。

火葬场内小小的房间里,和尚坐都没坐,草草地便念完了经。告别仪式上只来了几个外国女人,还都穿着家常衣裳。一望就知,这些女人是奉店里的命令来的,一个人也没哭。

用筷子捡拾起遗骨,那分量之轻,还残留在掌心里。女人们心里害怕,不肯去捡遗骨;吾郎一个人怀抱着骨灰坛子,将薄薄的遗骨无一遗漏,悉数捡拾了起来。

总而言之,接到佐竹的指示之后,只花了一天,便办妥了一切。的确,没有任何难事。略去无谓的礼仪与习俗,人的死亡就是那么回事。

在阿聪看来,唯一一个未能完全略去的麻烦,恐怕就是吾郎那未曾意料到的哀痛吧。也难怪他生气,吾郎心想。

"喝呀,吾郎大哥。流了那么多眼泪,嗓子也该干了吧。"

生气归生气,这一来二人反倒亲近了起来。心思机灵,脑子也聪明的这个少年,至少不会像自己这样送走一个不够格的人生。

将啤酒灌入了因哭累而感到火辣辣的喉咙里。空荡荡的肚子里,凉气蔓延开去,越发感到遗骨的暖意阵阵袭来。

"对啦——"阿聪仿佛陡然想到了似的,口衔着啤酒罐说道:

"老板会怎么处理遗骨啊?会送回中国去么?"

大概不会那般大度吧。送回故国也罢,找一处无主墓地也罢,大概都将由自己来做吧,吾郎心想。

"大概已经算在工钱里面了吧,这笔费用。咱来看看,下面该咋办。"

"可没我的事哦。你就饶了我吧,吾郎大哥。"

怎么回事?曾几何时窗外的渔港销声匿迹,苍茫暮色中,喷射着橘黄色火焰的巨型化工联合体仿佛城堡一般,远远耸立着。

"想起来啦!把行李打开来瞧瞧,兴许还有点儿值钱的玩意儿呢。"

阿聪从行李架上,把从医院拿回来,还没看过内有何物的纸口袋取了下来。

写有"高野"字样的行李签,是女护士添上去的吧。

揭去胶带,阿聪将纸袋里的东西一一用指尖捏了出来。单薄的风衣和化纤连衣裙,银色的小凉鞋。

"放进棺材里去就好呢。这种东西,带回去也没法处理呀。要不送给哪个缠人的女子?"

"别胡闹。又不是你的东西。"

吾郎拿起了纸袋。一只红色的小挎包滚落了出来。

"咦,包包。里面有钱,一准。她们总是带着现金的。咱俩对半分,行吧,吾郎大哥?"

钱包里,装着很少一点儿钱和避孕用具。口红是鲜艳欲燃的绯色。

"三千块和几个硬币。穷得叮当响嘛。"

"你都拿去吧。"

"嘿。谢谢吾郎大哥。"

出来一个叠得整整齐齐的信封。跟邮寄来的那封一样,也是淡蓝色信纸。看到收信人"高野吾郎先生收"那几个漂亮的字时,吾郎胸中一热。

"又是情书么?还是'吾郎哥最温柔了'吧?"

话音未落,阿聪的鼻头上就挨高野手背打了一记。

"好疼!你干什么呢?"

"别废话!滚一边去!"

"……对不起。"

阿聪垂头丧气地移到走道对面的座位上去了。

翻开信笺。与昨天那封不同,字体细小紊乱,密密麻麻地填满了淡蓝色的信纸。

    致我最喜欢的吾郎哥:

    趁别人都不在,我偷偷地写信。躺在床上,手也只能用一只,字写得难看,请原谅。

    来医院后,我一直没说话。如果说日语,人家就会东问西问的,所以我说中国话。

    我肯定要死了。医生们以为我不懂日语,当着我面说了。而且我认识这样的女孩子,所以明白是怎么回事。只不过是轮到我了而已。

    和善的女护士拼命写字给我看,想打听家属的电话号码。我就把佐竹先生的电话告诉他们了。因为我猜反正警察是知道的。

    吾郎哥的情况,我很了解。为防万一被抓,你的地址、年龄、性格、习惯、喜欢的食物,是佐竹先生写给我的，我都记得很清楚。为了怕忘记，每天都背。

我还有你的照片。相同的照片，四张。每天都看，为了不忘记。看着看着，我喜欢上吾郎哥了，好喜欢。喜欢上了你，工作就觉得苦了。工作之前，我总是对你说：请原谅我。没办法，不过请原谅我。

等我拼命工作，还清了债，我就能见吾郎哥了。我可以跟吾郎哥一起过日子么？我就是这么想着，拼命工作的。可是，已经不行啦。

吾郎哥你总是在微笑。不抽烟少喝酒不打架讨厌肉喜欢鱼，对不？所以我也戒烟了。酒也少喝不吃肉吃鱼。

客人们都很和善，不过，工作时我忘不了吾郎哥。真的。我把客人当作吾郎哥。这么想，我就能拼命工作，客人就开心。

吾郎哥出生的地方是海边，对吧？到这里来时，我还以为就在近处，查了地图。原来好远好远，我好失望。不过，跟我一样。到好远好远的地方来工作的吾郎哥，跟我一样，对不？

如果我死了，吾郎哥会来看我么？

如果能来看我，我只有一个愿望。

请把我放进吾郎哥的坟墓里，可以么？让我作为吾郎哥的妻子死去，可以么？原谅我，撒娇了。不过，我的愿望只有这么一个。

　　托吾郎哥的福，我干了好多工作，寄了好多钱回家。虽然我害怕死，虽然痛，虽然苦，我会坚持。请接受我的请求。

　　听得见海的声音。在下雨。天很暗。躺在床上，还是一只手，字写得难看，请原谅。

　　吾郎哥，我好喜欢你。在世界上最喜欢你。我比谁都喜欢吾郎哥。不是因为痛因为苦因为害怕，是因为想吾郎哥而哭的。每天晚上睡觉时，我肯定要拿出吾郎哥的照片来，边看边哭。每次都是这样，一看见温柔的吾郎哥照片就会落泪。不是悲哀，不是难过，是因为感谢而落泪。

　　我没有任何东西可以送给吾郎哥，请原谅。所以我只有用语言，用难看的字。请原谅我。

　　打心底爱你，比世界上任何人都爱你。

　　吾郎哥吾郎哥吾郎哥吾郎哥吾郎哥吾郎哥吾郎哥吾郎哥吾郎哥吾郎哥吾郎哥吾郎哥。

　　再见。永别了。

信念到一半时，吾郎放声大哭。

"你怎么啦？吾郎大哥！"

冲着忐忑不安窥探着自己的阿聪，吾郎拿起空罐子砸了过去：

"少废话！叫你滚一边去！"

"可你瞧你呀……这个样子不正常啊……"

"很正常！什么事也没有。是你们这帮家伙才不正常！左一个右一个，人人都不正常！"

黑暗的夜窗，巨型化工联合体的灯火逼近前来。

回老家去！从未见过面的弟媳妇，阿哥一定会热情欢迎她的。

"咱回家去吧，白兰。家里人都在等着你呢。"

吾郎拿那支用旧了的口红，在骨灰盒上写下了"高野白兰"。

"我的字没你写得那么好，你可别笑话我哦。"

哭着笑道，干枯的遗骨在膝上咔嗒咔嗒地发出了响声。

魔鬼

我看见过魔鬼。

不管你信还是不信，长着两根弯角和巨大翅膀，浑身披着一层湿乎乎黑毛的魔鬼，有一天我的确看见过。

我出生的家，在东京的高台豪宅区中，也格外地引人注目。

比如说在毗邻的空地上玩棒球的孩子们，一旦视为宝贝疙瘩的球越过围墙飞入公馆之内，就算万事休矣，既不能上门恳求，也不能偷溜进去。于是附近没有朋友的我，一听到欢声响起，就戴好棒球手套走到院子里，永无尽期地等待着球飞进来。其实我是很想跟他们一起玩棒球的，然而却被严厉告诫不许这么做，所以只能够充当一个不露面的外场手，将界外球投掷回去。

我直至小学五年级念到一半为止，一直住在那个家里。为什么记忆总像落日风景一般，笼罩着一层红色滤网呢？我猜想这恐怕是因为公馆位于郁郁苍苍的野漆树和樱花树林之中的缘故。一年之中的某一季节，池塘也好，草坪也好，假山也好，回廊环绕的旧式武家住宅的主屋也罢，西式风格的小洋楼也罢，全都染成了红色。

那个男子走过砂石路，站立在卷棚式屋顶的玄关前，就是在那个季节的某一日黄昏时分。

我偷偷溜进正门旁的女仆房里，悄悄地正在看电视。当人们还蜂拥在车站前的街头电视旁时，我家里已经连女仆房内都有舶来的电视接收机了。观看时间受到严格限制的我，便常常这样偷看电视。

"请问有人在家吗？"

铺着榻榻米的正门口宛如禅寺一般，预备有响板和木槌，可那个男人却犹犹豫豫地一连几度发声唤人。

母亲出来应对。佣人们总是步履匆匆地穿过廊下，弄得地板吱呀作响。可母亲却像是用和式布袜的袜底滑过地板似的，缓步前行。由足音就可知道是母亲来了。

我慌忙关掉电视机，轻轻拉开杉木板门偷窥正门口。看不见端坐在屏风前的母亲身姿。

"是东大[1]学生科介绍我到这儿来的。我叫荫山。"

男子立在微暗的正门外，说道。学生服外面罩着一件在当时来说也算得上古色苍然的黑披风，磨砂玻璃的檐灯照出方角学生帽的帽檐影子，看不见他脸。宛似从苍茫暮色中陡然冒出来了墨黑的一团。

1　东京大学的简称。

屏风一端，伸出母亲白皙的手臂。男子帽子也不脱，走进正门，在母亲手臂所示意的门框处坐了下来。

母亲仔细阅读男子递上来的介绍信。并非那种须得反复推敲的东西，可母亲这个人不论做什么事，都像这样慢条斯理。

就在这时，男子觉察到了从杉木板门缝隙中窥探的我。不，不是"觉察到了"那种感觉，简直就像是事先便知道我藏身在女仆房里一般，直勾勾地看着我的脸，并且挑起薄薄的嘴角，笑了。

搁在三合土地面上的灯笼明晰地照出了男子的脸，但由于深度眼镜将光线白乎乎地收聚了去，看不出他的表情。

"您是医学院的么？"

屏风暗影处，母亲说道。

"是的。我是三年级。"

"您出身是——奉天？……哦，是从满洲撤退回国的喽？您家里是军人么？"

"不是。家父在满铁工作，被俘羁押期间过世了……有什么不便之处么？"

母亲的声音思考片刻后，答道：

"没有什么。因为我们家曾祖父原来是幕府将军的家臣，我们家规是不可招纳口音重的人以及地方出身的人。满洲出身的话，大概反而不会有问题的吧。"

接着，母亲与男子之间进行了一段拖拖拉拉的对话。

我由此得知，男子是东大医学院学生，在谷中寄宿。父母双亡，有奖学金，但生活上缺乏余裕。做家庭教师，这是第二次了。去年教过的孩子今年春天考进了麻布中学[1]。

　　"那么，平日五点到九点，您可以么？晚饭，我们家会为您准备好的。"

　　"那太好了，我毕竟是个穷学生嘛。不过——"

　　男子突然开口毫不掩饰地交涉起月酬来。说是学生科出示的条件比去年那户人家要低，希望能够重新考虑。自己是医学院的特待生[2]，做家庭教师也有去年的成绩等等，让人感觉其要求提得相当咄咄逼人。

　　不谙交涉的母亲，只能听任其摆布。

　　"饮食方面，有没有您不喜欢吃的东西？"

　　"没有，没什么特别不喜欢的。我什么都吃。"

　　男子起身时，朝我这边瞥了一眼，露出瘆人的一笑。

　　"啊对了，还有一件——"

　　似乎想起了什么忘记询问的事情，母亲白皙的手抓住了披风的下摆：

　　"您不会有什么特别的信仰吧？"

　　"是说宗教么？我是无神论者。"

　　"那样的话，就没有问题了。我儿子念的是教会学校，虽然我们

1　东京的中学之一，以极高升学率而著名。
2　指成绩特别优异，享受免学费等优遇措施的学生。

家并不是基督徒。这方面，要是宗教观上有分歧的话……"

男子盯了我一眼，嘴角的笑意消失了。

"您请安心，夫人。我不信上帝，也不信佛。"

"那就太好啦。"

男子走出车廊，站在檐灯下殷勤地鞠躬道别。然后沿着被野漆树鲜艳欲燃的色彩染红的砂石路，疾步离去。

小学好友中，有一位叫桥口君的公卿家庭出身的孩子。

因为身患哮喘症常常旷课，家里便为他请了家庭教师。由于这个情况，他的成绩特别优秀，可他一天到晚跟我唠叨，说那位严厉而阴沉的家庭教师的坏话，听得我耳朵里几乎长出老茧来。

我内心很同情他。而且这一点要比家庭教师的存在更加让人同情：桥口君由于那严格的时间表而看不了电视，导致第二天总是无法参与教室内的话题。

口衔着便携式吸入器侧耳聆听同学们高谈阔论、争说电视的桥口君，是个不幸的孩子。

一想到相同的情景即将发生在我自己身上，眼前便一片黑暗。于是在苦恼了一番之后，就在翌日便将开始家庭学习的星期日晚上，我去哀求母亲。我心想，要是把学习时间缩短或者提前一个小时，就可以多少避免遭受同伴们排斥的尴尬。

"去问问你爸爸。"母亲说。很少回家来的父亲，这一天刚巧在家。因为他拥有的赛马在一场大赛上赢得了优胜，带着一大群马屁精凯旋归来了。

从主屋檐廊下走到院子里的小洋楼前，只见面对露台的客厅里，正在举行祝捷会。父亲在游戏室里与几位客人打台球。

梳着日本发髻的艺者坐在暖炉边，拨弄着仿佛是算盘成精了似的计分盘，"十分，两分"地，用奇妙的行语计算着四球的分数。

众人认出了我，口中说着些敷衍应景的寒暄话。

然而，我却无法像平素那样跟他们客套。我明白一旦夜深，父亲就会跟客人们一起又出门去了。

我恳切地请求，父亲是趴在呢绒台面上、摆着击球姿势听取的。手足不定，抬起身子，尝试了各种姿势之后，父亲似乎根本就没听见我的声音，只顾拿着蓝色防滑粉笔往球杆尖头涂抹。

我又一次恳求。于是父亲猛然地，隔着球桌将防滑粉笔朝我砸了过来。

当时，如若不是站在一旁的服务生瞬间扔掉银盘，一把将我抱住，我在避让时一个趔趄，肯定就一头摔进暖炉中的火焰里去了。眼看着火焰逼近至眼前时，是服务生将我救了下来。

然而服务生却将手掌伸进了通红的炭火里，严重烫伤。一番混乱之后，父亲带着几个马屁精和艺者，出门扬长而去了。

相比于希望的破灭，我更感觉到了高悬在我家头顶上不幸的征兆。让人觉得是某种肉眼不可见的力量在我们头顶上肆虐逞威，引发了这样的事故。

　　星期一早晨去上学，当我推开派克车门下车时，不祥的预感便袭上了心头。校园里没有学生玩耍，爬满了青藤的古老校舍阒静无声。

　　女仆帮忙背好双肩包，我迈进了校舍，这时扩声器里传来的，不是平素那飒爽的小步舞曲，而是变成了沉郁的冥思曲。

　　因哮喘住院的桥口君，在前一天夜间死去了。

　　我的邻座桥口君的桌子上，摆着花篮。一周之前大家去探望时，他还精神十足地把我们送到了医院门口，可据说是前一天深夜里急性发作导致了呼吸窒塞。

　　周一的集会变成了桥口君的追悼弥撒。集会之后，我被喊到了教员室里，宣布由我在翌日的葬礼上诵读悼词。我是班长，又是桥口君的好朋友，无法拒绝。

　　这是无比忧郁的一天。体育课变成了自修课，只有我一个人，在教员室里练习宣读悼词。

　　而且——回到家里的话，那位瘆人的家庭教师从当天起，就将等着我上课了。

　　下午五点整，荫山来了。

　　迄今从未听到过的沉重的吱呀声，沿着走廊抵近而来。透过中庭望过去，看见了由母亲引导，仿佛滑行一般走过廊下的浑身黑衣的荫山。透过变了形的玻璃射入室内的夕阳，将修长的身影清晰地拖曳在客厅的屏风上。

荫山走进我的房间，厚厚的眼镜光闪闪的，端详着书架、昆虫标本和塑料模型藏品。脱下帽子的脸异样长，简直就像马脸或者羊脸。学生服散发出一种汗水与消毒液混合的令人窒息的臭味。

"多好的房间！环境绝佳啊。"

荫山低语道。

"只有这一间改造成了西式房间。毕竟还得是书桌和椅子，才能专心致志地学习，您说是吧？"

荫山用关节粗大的手指抚弄我的书桌。

"是红木么？"

"不，是黑檀木。是他父亲用过的。"

站在一起时，矮小的母亲身高只到荫山的胸脯。

介绍过我之后，母亲说道：

"其实昨天晚上，一位关系亲密的好朋友过世了，他稍稍有些情绪消沉。请您高抬贵手啦。"

我之所以闷闷不乐，与其说是因为桥口君死了，未若说是因为他终年诅咒的、叫作家庭教师的家伙，竟也跑到我家里来了。

"去年老师教的孩子，考上了麻布中学啦。你也要好好努力，别输给了人家哦。"

说完，母亲便走开了。我心底的不安，无以言喻。

荫山首先花了很多时间检查我的笔记和考试答案,然后突然说道:

"你是个笨蛋嘛。"

就好像刚一见面就劈头挨了一顿暴揍。我以前,不管是父母也好老师也好,还从未受到过这样不客气的恶言相待。

面朝着绿草如茵的院子,仿佛蝙蝠爪子一般向外探出去的书房里,夕阳明晃晃地照射进来。靠墙的榉树那强韧的枝条,在染作了红色的墙壁上,投映下罅隙般的黑影。

我历历在目地回想起了桥口君健在时,每天早晨在座位上一坐下就要喋喋念叨的怨词来:

"简直就是个魔鬼——"

我的家里住着许多人。

主屋里有母亲、我和祖父,以及包吃包住的佣人们。隔着院落,小洋楼的二楼上住着七八个在父亲公司里工作的年轻人。

早晨,人们准时集合在厨房里,男人们在由祖父和我高居上座的榻榻米餐厅里,一齐打开食盒用早餐。比客厅低一阶的地板餐厅里,则摆放着母亲和女佣们的食案。

这是东京的旧家常见的恶俗。只要是男人,哪怕是司机也好,看家护院的也好,都坐在榻榻米间里用餐。而女人,即便是我母亲,也只能是在地板间。

我不了解祖父的过去。家业的兴旺,全是靠着父亲白手起家,一代告成的,因此祖父毫无堪称家长的威严。

恐怕是与陆军将校服一道,祖父将前半生埋葬掉了吧。其寡言少语,几乎与僧侣神官相类似,而实际上,祖父一日之中的几分之一,是在佛堂中神龛前度过的。

如此清廉的人物,不知何故却与母亲关系很僵。虽然没有表面上的争执,但是那种不和可以清清楚楚地感受到。

大概,让我去念基督教会的小学,就是母亲对祖父的一种抵抗吧。祖父虽然容许了,但作为代偿,却将每天早晨上学之前先去神前与佛堂参拜的习惯强加给了我。

父亲极少回家,母亲又与祖父关系很僵。就是说,再没有如此脆弱且富有的家庭了。对于魔鬼来说,准是垂涎三尺的好诱饵。

每天下午五点整,荫山就来了。然后一句废话也不说,与我并肩而坐,开始了连歇口气的工夫也没有的严格授课。

休息就只有七点钟开始的三十分钟用餐时间。女佣送来饭菜,我和荫山并排坐在长椅上,默默进食。

与学习本身相比,对我来说更为痛苦的,是整整四个小时不得不与荫山对面相向。

一切的一切,都令人不快。不苟言笑的长脸也罢,直言不讳的说辞也罢,吧唧吧唧地发出响声咀嚼的毛病也罢,全都让人无法忍耐。

然而,我的成绩倒是理所当然地飞速提高。尤其是每月举行一次的学力考试，荫山所点到的地方不可思议地，居然会毫厘不差地出现在考题里。简直就像荫山预先获知了考题一般。

曾有过这么一件事。

由于成绩提高了，荫山赤裸裸地提出来要涨工资或者发奖金。母亲去找祖父商议，祖父破口大骂："好个恬不知耻的浑蛋！"结果还是随其所欲，付给了他一笔奖金。

刚一回到房间里，荫山便毫不忌惮地当着我的面撕开红包，数起钱来。然后将千元纸币一张张地折叠小，装进了用细绳吊在脖子下的蛤蟆口[1]里。

不过，桥口君葬礼那天，我经历了一番奇怪的体验。

同学们备好了巴士，从学校出发前往位于涩谷郊外的桥口君家里。桥口君父亲是个前贵族，又经营着种种事业，因此虽说是幼童的葬礼，却也十分盛大。参会者溢满了庭院，在我作为友人代表宣读悼词期间，烧香的队列也络绎不绝。

我按照老师所教的，尽可能肃穆地、徐缓地诵读长长的悼词。陡然地偶一抬头，在烧香的队列中，我发现了荫山的脸。

一开始，我还以为是个长相相似的人，然而当烧好香后，荫山盯着我看了一眼，嘻嘻一笑。

---

[1] 一种钱包，主要用来装硬币。

为什么荫山会在这里？如此一走神，瞬间，我的大脑便陷入了混乱。

我甚至不知道悼词读到了哪里，便将中间部分几乎全都省略掉，直接朗读了最后几行。

或许荫山是秉承母亲命令，前来听我宣读悼词的。也可能是作为父母的代理前来烧香的，要是这样，也并无任何不自然之处。可是在我的脑海中，死去的桥口君无比厌恶的、仿佛魔鬼一般的家庭教师形象，却与荫山重叠在了一起。

桥口君被家庭教师纠缠害死了，而害死了桥口君的家庭教师，为了寻找下一个猎物又来到了我的家里，难道不就是这么回事么？——我开始有了这样的妄想。

再也没有像那一年那样渴望过新年的到来。

借在小洋楼客厅里举办例行的圣诞晚会之机，家庭学习一直放假到元月五号。

那是一场与基督的降生全无关系，名叫圣诞节的忘年会。凡事嗜爱奢华的父亲，动足脑筋，挖空心思，邀请众多客人，前来参加这一年告终的大宴会。露台边的冷杉摇身一变，成了巨大的圣诞树，爬满青藤的小洋楼整栋点亮了电灯泡。

家庭学习开始之后的两个月里从未好好玩耍过的我，比往年更加欣喜若狂。

除了可以无拘无束地吃吃喝喝，可以得到数不清的礼物之外，我还有一个每年一度的巨大欢喜。那就是可以和只有在那天晚上才会见面的亲戚朋友家的小孩子们尽情玩耍，直到晚会散场。

晚会从傍晚时分开始，很快地，天色变黑，公馆被寻常少见的灯光与喧嚣所笼罩。孩子们便纵横无忌地利用整个公馆，玩起了规模盛大的捉迷藏游戏，一直玩到夜深人静他们父母归家时分为止。

第一个做小鬼的，是念中学的表姐。她总是将长发扎成马尾，名牌中学的水手服与白皙的美颜十分相称。

我一心想与她牵手，于是最先被她捉到。然后与她牵着手，共同去捉别的孩子。找遍了主屋和小洋楼的旮旮旯旯，却遍寻不着，心生倦意，最后我俩手牵着手走入了池塘周围的小树林中。

池塘对面的树林，深得竟有乌鸦筑巢其中。借着月光，穿过落叶满地的樱林，有一座杜鹃花丛环绕的假山，有点儿高度。我知道山顶上的那座亭子是绝好的藏身之所。

"喏，你瞧，果然有人哦。"

我压低嗓门，对表姐低语道。亭子的裙板后面，并排露出两颗后脑勺。我俩努力不让枯叶发出声响，凑近了过去。

来到假山底下，我将表姐的手拉近身来。因为我发现那两个影子不是孩童。脸庞贴在一起窃窃私语的男人头上，一顶方角帽戴在后脑勺上，稍稍侧过脸去时，眼镜就在月光下闪闪发亮。

我们弯腰蹲在了杜鹃花丛中。

很快，亭子中的两颗脑袋变成了一颗，传来了彼此贪索对方的声音。男人将女人玉山推倒，沉陷入裙板之中，生猛的呻吟声战栗着夜间的空气。于是一条白似珐琅的玉腿呼隆一下，伸到了裙板外边来。

我惶恐不安，正要立起身来，表姐一把抱紧了我：

"嘘——不要作声！"

凝目死盯着黑暗的表姐，掌心湿淋淋地渗出汗珠来。我莫明所以，耳底谛听着自己心脏的鼓动。

女人的声音由邪荡的呻吟声变成了雌兽的鸣嗷。与之相伴，男人的喘息声传了过来。

缓缓地，表姐将我的手拉到了水手服的胸前。手指触摸到了肥腴微暖的肌肤。表姐的情形不同寻常。

刹那间，我猜想荫山是趁着夜黑如墨，正对某人大干坏事，而他那魔咒般的邪力甚至也移到了表姐的身上。

一想到那家伙果然是个魔鬼，我猛然将表姐一把推开，一溜烟地仓皇逃走了。

小小的悲鸣与惊愕声从身后追了上来。

表姐与她的家人打道回府，是在来客大抵都已离去之后的夜深时分。在坐进包租车之前，表姐将我喊到了车廊的暗处。

"我吧，拿到了一笔零花钱。你呢？"

我摇摇脑袋，表姐似乎很遗憾似的叹了口气：

"那么说，就是不知道是你啦，肯定。"

我根本就没听明白她说的意思：

"是荫山老师给你的么？"

"不是的哦。"表姐的眼睛在黑暗中炯炯放光，"舅妈她吧，叫我别把刚才的事情告诉任何人。"

她仿佛猛然醒悟过来似的，用手掌捂住了嘴巴。那动作稍稍有点儿做戏的感觉。

开年后，令人郁闷的学习又重新开始了。

父亲照例有家不归，偶尔回来一次，也从无例外地醉得人事不知。

家里开始飘漾起一种杀伐的空气。包住包吃的员工们和女佣们经常会窃窃私语，一见我走近，便陡然打起了笑脸。平素从容不迫的祖父，变得会为鸡毛蒜皮的小事当面叱骂起母亲来。

公馆里显然出事了。

当着我的面爆发了决定性的事件，是在一个下着小雪的夜里。荫山准时造访我的房间，还没在椅子上坐下身子，祖父便将走廊踩得嘎吱响，闯了进来：

"老师，可以么？"

祖父语气凶险，脸色大变。

"不巧得很，马上就开始上课了，如果有话，回头再说。"

荫山看了看手表答道，简直就像拿我当盾牌使。于是祖父猛地攥住荫山的手臂，几乎将椅子掀倒，强行把他拖出了房间。

大走廊里，传来了祖父的怒骂声和荫山低低的争辩声。我蹑手蹑脚地走出房间，身体藏在柱子后边，窥探着情况。

这时候，在大走廊与荫山对峙的祖父身高看上去只有荫山的一半。这是怎么回事呢？

比起祖父突如其来的震怒，我更震惊于这一瞬间构图的不自然，一连眨了好几回眼睛。

大走廊非常长，而且笔直如发。远远的东隅那扇彩绘门扉望去就像一个红点。左右两边全是连成一排的榻榻米房间拉门和面朝庭院的玻璃门格棂，天花板是画着家徽的格子状拱形顶。所以我猜想那大概是某种几何学式的错觉——然而当时对我来说，荫山那远超常人的身形，恰似终于露出了原形的魔鬼形象。

仿佛踮起脚来一般，祖父一边诋诘荫山，一边由于激动而剧烈地咳嗽。平日就有空咳的癖习，但这次情况似乎有所不同。

祖父的身子当腰倾折，用和服袖子掩住了口。喉咙突然发出痛苦声，身体后仰，一屁股摔倒在地。雪白的拉门上天女散花一般，溅满了鲜血。

祖父愕然，屁股着地，盘腿而坐，血糊糊的双手摊开在胸前。荫山的巨掌摁住了祖父的双肩。

被救护车送进医院的祖父与世长辞，则是数年之后的事了。然而我目睹祖父的身影，那天却是最后一次。祖父再也没有回到公馆里来。

祖父没让任何人知道自己患有严重到咯血的胸病，大概因为他是个刚强的硬汉子吧。然而，原原本本目睹了发作过程的我，在听了祖父常去就诊的医生说明之后，甚至在保健所来人对公馆内进行了一番大规模的消毒之后，仍旧无法相信那是因为结核这种常见病的缘故。

一准是荫山施了某种可怖的魔咒的缘故。

我必须把这件事告诉什么人。然而，我周围的人们都过于无能为力。父亲也罢，母亲也罢，根据情况判断，肯定已然中了荫山的魔咒。

在巨大的公馆中，每晚必须独自一人面对荫山，我心中的恐怖，恐怕谁也无法理解。

自从祖父离开之后，公馆中的变化立时变得显而易见了。干掉了司祭后，魔鬼便连勒索带敲诈，一点儿一点儿地开始鲸吞蛇噬起这个家来。

寄宿在小洋楼二楼上的年轻人们，一个个地离去了。仅仅一两个月间，那里就变成了无人光顾的废屋。主屋的佣人们也每周都有人卷起铺盖离此而去。

一天比一天变得冷清的公馆里，荫山在茁壮地成长着。他让我自习，自己却将身子沉埋在擅自从小洋楼里搬来的摇椅中，喜滋滋地眺望着人体解剖图。时而凝视着染成了淡红色的樱林，嘟嘟囔囔地念诵着意义不明的咒语。

有一次，父亲仿佛中了邪似的，在家里大闹了一场，把所有的玻璃全部砸碎了，打那以后就再也没有回过家。偶尔父亲会打来电话，拿起听筒的母亲眼见着变得神色黯然，并且最后必定要发出绝望的尖叫声，放下听筒。

最终，家里只剩下了我与母亲，随侍多年的女佣头，和负责接送我上下学的司机。

再加上如果算作人的话，荫山曾几何时，住进了完全荒废了的小洋楼中一室。

学习时间结束后，荫山仿佛滑行一般快步横穿过庭院，回小洋楼去。整十点时，我的房间熄了灯。宛似估算好了这一时刻，母亲就像被勾了魂似的步履蹒跚，横越过月光下的庭院。

随着天气变暖，庭院也逐渐荒芜了。

曾有一天，在确认了公馆内阒无人息后，我偷偷来到小洋楼里，爬上积满灰尘的螺旋楼梯，窥探了荫山的房间。

窗前藤蔓低垂的朝北房间里，弥漫着腐臭，不知是何种语言的洋文字母缀成的书籍，肮脏的白大褂和内衣散乱满地，无从落足。凹陷出人形的床上，放着母亲一只小小的和式布袜。

临近春假的一日，同学们去上野的博物馆参观。大家都洋溢着远足气氛，欢天喜地，而我却始终感到恶心难禁。

木乃伊的干燥头颅，动物的剥制标本，恐龙的骨头，黑暗的宇宙光景，几万年几十万年这种令人窒息的时间单位，都让我感到恐惧。当从上方俯瞰吊在天井里，据说是证明地球自转的巨大的傅科摆时，我终于当场一屁股坐在地上，动弹不得了。

归途，巴士穿过公园后院驶向山下。陡然，我在电线杆上看到了"谷中"这个地名标志。据说是荫山所居住的这个地方，根本就不像会有学生来此借宿。放眼望去，纵横直斜，到处是古老的佛堂、墓碑和卒塔婆。

我焦虑万分，须得赶快找个人，向他求救。于是回到学校后，刚一解散，我就匆忙奔向了校园林荫道尽头的教堂。

因为老师说过，如果有了不可向人倾诉的烦恼与懊悔，随时都可以到教会去忏悔。当然不会有孩子这样做，然而我却忧心如焚，已经到了迫不得已的地步。

我向正在清扫的修女问道，牧师在哪里？牧师抵达之前，我一直坐在前排的长椅上祈祷。口中念诵着背熟了的《圣经》里的语句，不禁悲从中来，泣不成声。

我是个幸运的孩子，跟疾病也罢，贫穷也罢，天生的无缘。因此本应没有任何哭泣的理由，为了这种事情而哭，我感觉不大对劲，然而当我看着一言不语的圣体，竟不禁泪流满面。

身穿祭服的牧师拥住我的肩膀时，我宛如撒娇的孩童，紧抱着他哭了起来。

"魔鬼跑到我家里来啦。他假扮成大学生的模样来做家庭教师，其实是个魔鬼。"

牧师一边劝慰我，一边做出思考状：

"哦——你是学习学得过头啦。离考试还有一段时间呢，你应该多玩玩才是。"

"不是的。我爷爷吐血了，我爸爸错乱了，家里人全都被赶走了，现在我妈妈每天晚上都受他欺侮。"

牧师一瞬间，皱了皱眉头：

"受他欺侮？你是说——"

"是魔鬼欺侮我妈妈。妈妈被他带进花园的亭子里，还有空屋子里去，痛苦地呻吟。那家伙总是骑在妈妈身上，想掐断她的脖子，拧断她的手脚。"

"嗯。不过，你妈妈没有负伤吧？"

牧师困惑不已。一定是学园牧师之类的力量，还不足以驱邪吧，我心想。

"可是，过不了多久她就会被杀死的。"

"不，不会的。这个不必担心。"

"那是为什么呢？"

"因为你，还有你妈妈，都会得到耶稣保佑的呀。"

牧师的话丝毫没能让我安下心来。我的家受到魔鬼的侵袭是俨然的事实，很难认为得到了神力的佑护。

"那么，要把魔鬼赶走，该怎么办才行呢？我什么都不懂。"

牧师思考片刻，在祭服口袋里搜寻了一番，摸出一个小小的十字架来：

"这个送给你。就算是魔鬼,也不过是主的仆从。所以要想把魔鬼从你面前赶走,既不需要呼唤耶稣的名字,也不需要画十字,更不需要大声念福音书。假如魔鬼对你使坏,你就握紧这个十字架,瞪大眼睛笔直地看着他,然后这么对他说:'你是魔鬼。我决不屈服于你!'"

我稍微感觉心情轻松了些。在从教会回家的路上,反复地低声念诵牧师所教的祛邪驱魔咒。

翌日,母亲被喊到学校去了。我不知道校方对她说了些什么,只不过在回家的车子上,母亲一言不发,连瞧也不瞧我一眼。

荫山从这天起不再住在小洋楼里了。我还以为是十字架的威力立竿见影。

连花也不曾好好地赏过,樱花便凋落了,就在这时节,死去的桥口君的母亲突然造访了公馆。

"本来应该更早一些前来拜访的,因为是一家一家地登门道谢,结果就拖得晚了。"桥口君的母亲说道,并未低头。

接着,把一张年轻美丽的面庞直勾勾地对准了我。

"马上就该上五年级了吧。这下可少了一个劲敌啦。"

为什么要说这种话?我感到了不快。想起了这位母亲使劲往桥口君小小的棺材里填塞教科书参考书的情形来。

"目标是麻布呢,还是开成呀?再不就是教育大[1]附中喽?"

刹那间,我作了一个从未想过的回答:

"不,我要报考区立中学。"

"咦,怎么回事?你成绩那么好。"

"普普通通就好。"

客厅的空气十分尴尬。

挂钟敲响了五点,荫山准时赶到。他完全就如同自家人似的,连声招呼也不打,便推开大门走了进来,仿佛滑行一般走过长长的走廊。

经过房门洞开的客厅时,桥口君的母亲突然发出一声惊呼:

"哎呀老师,你在这里啊?"

"呃,是。当时多蒙关照了。"

荫山只说了一句,就像是不愿发生瓜葛似的,匆匆走了过去。

母亲也好,我也好,由这一瞬间的对话大体明白了玄机,相互对视一眼,闭口不言。我陷入沉思,思索着荫山的重大谎言。

一段尴尬的沉默后,桥口君的母亲用令人生厌的口吻说道:

"太太,事到如今本不该由我来说三道四的,不过那位老师,您可得当心哦。"

我肌粟顿起。母亲十分狼狈:

"啊……您是说……?"

---

1 开成中学,东京著名的重点中学;东京教育大学,后迁往茨城县筑波市改名为筑波大学,国立大学之一。

"这个么，东大学生里也有各种各样的人哦。"

就在那一瞬间，我猛然想起了桥口君曾对我嘀咕过的话。

"那家伙吧，近来还欺侮我妈。他肯定就是个魔鬼。"

我记得桥口君在校园里的银杏树下，口含着吸入器，用有气无力的声音如此告诉我过。

魔鬼终于现出原形那天的情形，我始终难忘。

那是油蝉在荒荒的樱树林中噪鸣不已的一个盛夏午后。我和母亲在通风良好的大客厅中央排放好藤枕，正睡着午觉。倦怠感并非因了暑热的缘故，也非因了闲暇的缘故，而是因为我和母亲差不多灵魂都被掏空了，不论做什么事情都意懒心慵的缘故。

女佣和司机也都借一个学期结束之机，离开公馆而去了，我和母亲在这让人感到无比巨大的公馆里，宛如灼热沙漠上的虫豸一般，相依为命。

母亲发出低低的鼾声。我肚子上搭着同一条薄被子，无法入眠，呆呆地眺望着烈日当空的庭院。

望着池塘边冉冉升腾的游丝，正昏昏欲眠时，猛然地，母亲发出一声尖叫，跳起了身来。

"干什么事？你干了什么事？"

我什么事也没干。鲜血顺着母亲裸着的脚尖淌了下来，滴到了榻榻米上。浴衣和薄被顷刻之间便染作了红色。

我们战战兢兢地环顾拉门洞开的大客厅。某扇拉门背后，传来了搔榻榻米的声响。侧耳倾听，那声响仿佛是在抓挠柱子和拉门，越来越大。两间开外，描绘着山水画的拉门正在咔嗒咔嗒地摇晃不停。

  我和母亲一直退缩到了壁龛前。突然间我猜想，可能是有个强盗手持利刃潜入了进来，砍伤了母亲的脚。母亲拿起藤枕，对准拉门砸了过去。立刻，传来了攀着木柱向上窜去的剧烈爪音。一个黢黑的影子，紧贴在杼形图案的楣窗缝隙间。

  在炯炯放光的两只眼睛逼视下，母亲俯身瘫软在榻榻米上。大约是受到了她的悲鸣声惊吓，黑影又"扑通"一下，朝着拉门对面跳了下去。睁大眼睛望去时，只见一个很大的黑色生物从一扇拉门蹿向另一扇拉门，穿过了一间间榻榻米房间，飞奔而去。

  我们仿佛被缚住了手脚一般，半响动弹不得。

  "是老鼠？"

  "不对！要大好多。比猫比狗还要大好多！"

  那就是魔鬼啊！可这话我怎么也说不出口来，攥紧了挂在胸前的十字架。

  母亲的脚趾上，留下了一个几乎有成人齿形大小的巨大伤痕。扔下瘫软在地的母亲，我浑身战栗着来到走廊里。手握着长扫帚，犹犹豫豫地走过廊下。从来没有感到过公馆竟是如许之大。那是一座无涯无际的、由复杂的走廊和无数的房间构成的迷宫。

  窥察了一间又一间的榻榻米房间，最后，我走进了位于公馆北隅的厨房。三合土房间里配备有堪比高级餐馆的供水设备和烹饪台，厨房里还拥有闪耀着公馆悠久历史的板条乌黑的地板餐厅，以及高出一个台阶的榻榻米餐厅。曾经是西餐厨师和日餐厨师以及众多女佣忙来忙去的地方，如今却安静得异乎寻常，仅这一点就足够恐怖的了。

魔鬼团着身子，坐在昏暗的地板餐厅中央。从屋顶排烟口射进来的光带将飘扬曼舞的尘埃照得亮晶晶的，魔鬼浑身披着漆黑的体毛，形象丑陋，箕踞兀坐在那正下方。

假如不是我眼睛产生了错觉，则就是那家伙身躯庞大，远超人类，有着两只歪曲的角，一张皱纹深刻的老人脸，和仿佛涂了一层油似的潮湿的黑翅膀。

我在衬衫下面攥紧了十字架，拼命回忆从牧师那里学来的咒文。

然而，似乎是要阻止我的声音，魔鬼说道：

"瞧你那熊样！别管是老家伙、你那老爹还是你娘，老子统统都要吃光！一个不剩，统统拖进地狱里去！"

我好不容易哆嗦着僵硬的嘴唇，念道：

"你是魔鬼！我，我——"

"哼哼。我什么我？你是想说不怕老子么？你这个狗屁不懂的臭屎蛋，只会啃书本的蠢小子，你有什么本事？你们注定要毁灭！跟这座公馆一块下地狱去吧！"

魔鬼张开血盆大口，嗤笑道。仿佛是为了威吓我一般，唰啦唰啦地展开了黑色的巨大翅膀。

然后喷发出令人头晕目眩的异臭，从向后花园敞开的左右拉门缝隙中，疾奔而去。

第二天，我被母亲家的亲属领养走了。

未经任何商议，也没有任何前兆，是住在郊外的舅父开着三轮小卡车前来接我走的。

根据为人耿直的舅父的说辞，这是因为家业一落千丈，父亲母亲都得到远方去上一段时间。远方是什么地方，我不得而知，也不想知道。

三轮小卡车的货厢里，堆放着我那少得可怜的随身物品。

从驶上了砂石路的三轮小卡车的车窗里，我回头望了望主屋。夕阳西落的卷棚式屋顶的车廊里，宛似一副失魂落魄的躯壳，母亲挥动着雪白的玉手。

在郊外的农家，我得到了安息。

那是足以弥补孤独与绝望而有余的、风瘫似的安息。情绪稳定下来之后，我一点一滴地，开始说起事情的来龙去脉。看到了魔鬼一事，也一五一十地说了出来。

舅父舅母严肃地听我讲述，不时发出声声叹息，詈诘父母的行状。他们本是平素与我家无甚交往的人，于是我反驳说："你们又不了解情况，凭什么说这种话？"舅父思考片刻后，答道：

"那帮有钱的家伙吧，一旦遇到了大事，总是只为自己打算的。这件窝心事，你可一辈子都不要忘记哦！"

舅父还说："你已经疲惫极了，这几天就别再学习啦。"暑假还没结束，就为我买了一台半旧的电视机。

到了第二学期，我开始到坐落在茶园里的公立小学去上学了。

那里没有教会，也没有牧师。取而代之的，是古老的木结构校舍，和对我直呼其名、长得像个职业摔跤手似的教师。对我来说，那无疑是难以置信的光景。这位长得和丰登[1]一模一样的教师，只穿了一件背心就登台授课，时不时地挥舞着圆木一般粗壮的手臂，弄出咔吧咔吧的响声来，逗得学生哄堂大笑。

午休时我正在自修，他吹着口哨走近了来，说我应该打垒球。

我说的问候语"祝您好心情！"，因为重音放在了"好"字上，受到了同学们的嘲笑。然而，却没有一个同学会因为我是另类而瞧不起我。我立刻就像一个意志薄弱的改宗者似的，并不曾像模像样地践踏圣像以示弃教，便与他们同化了。

做游戏和上体育课时，我必定会遭到同学们的耻笑。然而，当我头一回接住了后场高飞球而并未失手时，从校园里，以及校舍的窗户里，涌起了异口同声的喝彩。我简直如同获得了优胜的棒球选手一般，将胜利纪念球抱在胸前，流着眼泪从中后场一直跑回到本垒。

在从未见过的高远的秋空下，我不是在上帝，而是在人们的善意佑护下，很快地，精神便得到了完全恢复。

---

[1] 丰登（1931—1998年），日本著名职业摔跤手，原为相扑力士。

在环绕校舍的群山被染成了七彩锦缎的季节，我回过一次家。

因为有买家要买下公馆，我获得了回家去取必要物品的机会。

曾经那般折磨过我的恐怖，竟连一点儿也没有剩下，真是不可思议。我毋宁觉得，这么一来反倒一切皆告终结了。

公馆的大门紧闭着，好像永远也不会再度打开了，上面贴着封条似的纸。直通小洋楼的青铜边门前，站着好几个扮相不善的汉子。

从相貌尤其凶恶的一个汉子手中接过钥匙串，舅父的三轮小卡车沿着砂石路刚一开进去，仿佛抹了红一般的公馆秋色便将我合围了起来。樱树林上头，悬着一轮巨大的夕阳。

车廊里，有个人影蹲在那儿。

"哟嗬，是老师来了嘛。"

舅父似乎有点儿不情愿似的说道："是你妈妈叫他来的么？"

我不解其意，看着他的脸，舅父看似后悔自己失言了，缄口不语。

我在口袋里攥紧了十字架。三轮小卡车在车廊里刚一停下，荫山便仿佛打开了机关一般，将折叠收缩着的长身伸展开来，起身，脱帽，鞠躬致意。

舅父露骨地做出不愉快的表情。荫山询问我的生活状况，他也不答一言。

玄关的拉门上锁着铁锁。拉开门扉，只见漆黑的公馆里面仿佛火焰一闪而过，一条红带消失了。

"反正很脏了，就穿着鞋子进去吧。"

舅父鞋也不脱，直接跨进了玄关。

雨窗关得严严实实的主屋内，沉甸甸湿漉漉，充溢着令人作呕的异臭。荫山将学生装的袖管揽住我的肩头。我闪身躲过，紧紧追上走在大走廊里的舅父。

"舅舅，咱们把雨窗开开吧？"

"好啊。让屋子里透透风。"

曾经得由全体佣人共同出动跑进奔出，方才能够朝开暮阖的大走廊雨窗，我们俩你推我拉，一扇扇打开了来。

"打开一半就行了吧。再关起来也够呛。"

染成一片彤红的野漆树和樱树的林子展现在眼前，夕阳如同洪水一般奔涌了进来。

霎时，我们停下拉动雨窗的手，呆立不动了。只见大客厅里，到处都是层层叠叠的老鼠尸体，几乎无从落脚。榻榻米涂上了厚厚一层黢黑的血糊，已经干透了的老鼠头、前后爪和内脏，将百张榻榻米铺就的大客厅遮蔽得严严实实。

"我的天！是这屋子关得太严实了，只好你吃我我吃你啦。别管它了。"

舅父满脸厌恶地跳下庭院，朝着小洋楼方向走去了。

这就是我生长于斯的家垂死之际的惨状。我和荫山在红光之中，一动不动地站立了片刻。树梢头，鸟儿在鸣唱，远处传来了宣告黄昏降临的钟声。

我在衣袋里攥紧了十字架，果决地说道：

"是你把这儿吃成这个样子的喽！全都是被你吃掉的吧！"

血泊上，拖得长长的影子犹如折叠起来的翅膀低垂着。

"这是怎么回事啊？你说话呀！全都被你吃光了，已经没东西可吃了，是吧？你肚子饿得连骂人的力气也没了，是吧？"

荫山仍然耷拉着脑袋，紧咬着嘴唇。我没有害怕，把十字架杵到他的面前，我又说道：

"你是魔鬼！可是，我决不屈服于你！"

荫山抬起苍白的脸，几度张口结舌。是咒文奏效啦，我心想。

"你是魔鬼！可是，我决不屈服于你！"

就在这时——我听见了令人生厌的爪音。跟那天一模一样的爪音。

"有东西！"

荫山胆怯地说道。我们脚底感受着令人毛骨悚然的尸体形状，走进了大客厅。

跨过好几个门槛，我和荫山窥探着最深处的榻榻米房间，就在累叠着更多老鼠尸体的壁龛上，看到了可怖的东西。

那是一只巨大如小狗一般的老鼠，正用前爪牢牢按住被它捉住的老鼠，"咔哧、咔哧"地从脑袋开始啃嚼吞食。

一面将骨头嚼碎，那妖怪恶狠狠地瞪了我们一眼。久经岁月的毛色黑黝黝的油光锃亮，耳朵像兔子似的直立着，脸上刻印着老狯的深深皱纹。还将一条长蛇似的尾巴，仿佛威吓我们一般，滑溜溜地摇来晃去。

荫山发出一声惊叫，以脚跺地。于是鼠妖口衔着猎物，异常敏捷地疾奔而去。

呆然伫立了半晌，荫山突然膝头一软，瘫跪了下去。

"我也不想这个样子的……可是，也不能单怪我一个人吧？你想想，是这样吧？"

"你是魔鬼！你是魔鬼！"

不，不对头。我以为是魔鬼的，肯定是那只巨鼠。假定如此，那么这个家伙到底又是什么东西呢？

我心乱智昏，唯有嘴唇在嘟囔不休：

"你是魔鬼。你是魔鬼。"

"请你宽恕我。我求求你了。"

荫山双手撑在血糊上，跪在我脚边，以头撞地。

记忆在此中断。

大概，继续向下追忆于我其后的人生而言，恐怕毫无意义。

所幸的是，那时候百般折磨着我的魔鬼们，后来直到像普通人类一般死绝为止，再也不曾在我的面前现身过。

曾经是我家的地方建起了高层住宅，门厅旁边一株苍老的樱树仿佛遗物一般，孑然伫立着。

在角箸

1

贯井恭一壮行会的召开,是在七月也已过半的一个炎热的晚上。

这个壮行会之所以出乎意料地呈现出盛况,并非因为与会者们欢庆他由总公司营业部长一职调任里约热内卢分公司总经理的缘故,而是出于对这份不合时令的任免令和这一急转直下的大降职的同情,以及他因之遭到问责的项目组部下们拼命呼吁的结果。

四十六岁。身为团块一代[1]流末的贯井恭一从来就不缺乏竞争对手。作为商社人,此时若被撵到海外去的话,那就算断绝了晋升之路了。而且,以收购咖啡豆为公司至高使命的里约热内卢分公司,是所谓专业职种,历代总经理无一例外,皆埋骨于任所。

---

1 指日本1947年至1949年出生的一代人,是日本二战后出现的第一次婴儿潮人口。在日本,"团块一代"被看作19世纪60年代中期推动经济腾飞的主力,是日本经济的脊梁。

对于租用宾馆大宴会厅举办的这个壮行会，喜欢谑笑的年轻员工们戏言无忌，直呼为"贯井君的葬礼"。

看到这个东大毕业，在出人头地上最为一帆风顺的家伙遭受挫折，幸灾乐祸者也大有人在。壮行会上来了许多人，送了巨额贺礼，这反过来讲，说不定也具有分手费、追付款的意味。

那证据就是，两小时的立餐酒会结束后，与会者们便好似海水退潮一般，纷纷打道回府，大宴会厅里就只剩下了贯井，以及由于他将罪责包揽在自己一人身上而得以幸免、逃过了降职处分的三个老部下。

项目组解散后，半年之间贯井恭一下衰老了十岁，全无半点作为食品进口专家沿着商社的康庄大道稳步前行的精英面影。

许是疑心生暗鬼吧，微胖的身躯看似怠惰的中年人，稀疏的头发也愈发显得寒酸，高度数的眼镜上满是油腻。

可能的话真想立马取道回家，贯井心忖。然而，有必要安抚三位痛感到自身责任重大的部下。加之一想到无子无女的妻子孑然枯坐在早已收拾得一干二净的公寓里的身影，还是不情愿只喝到半醉就赶回家里去。

"如何，部长？到那好久没去的黄金街去痛饮几杯？"

晚三年入职的后辈小田约请道。年轻时，常常与他去黄金街喝酒。

作为商社人，随着资历积累，在高级俱乐部和料亭¹里接待客户的

1　高级日式餐厅。

情形越来越多，与曾经在那里畅谈梦想的廉价酒馆，缘分断绝已久了。

"黄金街——哦，你是说角筈的黄金街么？"

"对，就是角筈。让人怀念的名字啊！"

迈步走出宾馆大堂，年轻的部下问道：

"角筈？那是什么？是店名么？"

"不是不是。现在的歌舞伎町那一带吧，从前就叫作角筈。'角筈的黄金街'这个叫法，还是个熟语呢！对吧，小田君？"

"对呀。"小田次长有气无力地答应了一声。他突如其来地做此提案的言外之意，贯井已然心领神会了。

与会者人数过百，一准都纷纷溜进各自熟识的酒馆里去了。贯井不想在那种好似念佛一般众口夸赞的去处，与他们遭逢。

他站在宾馆门前，举头仰望耸立在新都心夜空中的总公司大厦。十年前，从感觉逼仄的大手町老办公楼搬来了此地。

仰望着恐怕再也不会重归其内的超高层城堡，贯井恭一发出一声老年人的长叹。

这是个潮湿的热气仿佛腐烂的海藻一般粘在身上不肯散去的夜晚。刚一走出黄金街的小酒馆，一股馊臭气味便袭上胸来，贯井冲着散步道旁的花木丛呕吐了起来。

鲜有这种情况。果然还是情绪紧张了，贯井心想。在改了朝换了代的陌生酒馆里终究未能说出口的话，伴着污物一道，贯井嘟哝了出来：

"小子们，今后在公司里，再也不许提到我的名字哦。"

正替他揉背的小田，停下了手。

"公司白领吧，只要人云亦云就行啦。敲敲边鼓，吹吹笛子，打打拍子，只要你不荒腔走调，就什么事也没有。里约的老头店长什么的，打死也别提。听到了么？你们要是不答应我，我可死不瞑目哦。"

抛下部下们，贯井顺着散步道往前走。

"再见啦。明天不要来送我。我跟老婆两个人，简直就像去度蜜月呀。别来打搅我们哦！"

三个人并未追上来。

这样就好，贯井在醉醺醺的脑袋里想道。不过是这二十三年过得太顺利了而已。有荣光就会有挫折。自己出身贫贱，能考上东大，进入一流商社，享受片刻荣耀，光这些，不就算是奇迹了么？

在靖国大街上，给妻子打了个电话。

"喂，我现在就回去。"

"肚子饿不饿？家里可什么吃的也没有。"

"没事。我喝醉啦。你吃饭了么？"

"我刚才叫了外卖。寿司店倒还开着门呢，可你又不爱吃。"

"寿司，就没办法啦。"

"我去便利店买点儿什么来。明天还得吃早饭。"

跟青梅竹马的妻子之间，从未发生过口角。他俩是从表兄妹，就像亲兄妹一样一块长大，彼此知根知底。

这次这件事，妻子也仅仅是感到惊讶，并未导致任何夫妻争吵。尽管他很想听一听妻子发上句把牢骚。

虽说已是深夜，往来于歌舞伎町和新宿站东口之间的人潮仍旧络绎不绝。人们仿佛热带鱼一般，在无风的奢华夜间结队成群。

醉醺醺的眼瞳中，霓虹灯光炸裂。

潮湿的眼镜片上沤出赤色、青色和黄色，猛然驻足，贯井发现靖国大街对面出现了不可思议的景象。

"爸爸……"

不知不觉间便想飞奔过去，却被汽车喇叭声逼退，再度凝目望去。

"爸爸……爸爸……"

头戴白色巴拿马草帽，身穿开襟衬衫麻质西装的父亲，站在卷帘门已然放下的商店前，左顾右盼，向过往行人打听着什么。

"爸爸！我在这儿，就在这儿呀！"

声音淹没在喧嚣里。父亲在寻觅自己。

爸爸！贯井又喊了一声，这时，父亲的身影不见了。

信号灯转换，贯井拨开人群，穿过大街。灯光消失了的歌舞伎町公交车站。父亲的确就在这块地。

"刚才这儿是不是有一位中年男子？"

冲着坐在护栏上的几个年轻人，贯井问道。歪了歪头发犹如鸡冠似的脑袋,摇曳着垂在耳朵上的耳环,年轻人们报之以一笑。

"我跟他走岔了。那个人头戴一顶巴拿马草帽,穿着一身白色西装。他好像在找我,你们没看见他么?"

"我们可没看见过那样的人啊。"年轻人们冷漠地回答道。

"首先呢,中年大叔什么的可稀罕呢。要是找流浪汉的话,喏,那边就有一大堆。不过,没见有穿白西装的啊。"

年轻人们手指着躺在卷帘门前的一群流浪汉,笑道。目光回转到这种时分难得一见的中年人贯井,再次大笑起来。

流浪汉——贯井悚然一惊。他屡屡设想过,父亲会不会沦落到这种生活状态。当他们大举在西口[1]定居下来时,他还曾拿着旧照片走访过此地。

歌舞伎町的流浪汉们在幸福的季节里安然入眠。

"请问贯井一郎在不在这里?中野区出身的贯井一郎,在不在这里?"

"别他妈瞎嚷嚷,醉鬼!"纸板箱里传来怒骂声。

就在刚才,的确看到了四下找寻自己的父亲身影。不不——还是太奇怪了。父亲那一身打扮与生离时完全相同。而且,并不是一个老年人。

果然是蒙眬醉眼产生的错觉么?贯井扭头回顾路上。

---

[1] 指新宿火车站西口。此处的地下通道曾经是都市流浪者的栖居之地。

间距相隔颇远的一棵棵暗黢的银杏街树。除了公交车站的名字从"角筈"变成了"歌舞伎町"之外,这一带的风景出人意料地还是旧态依然。

那是八岁那年的夏天,想来将近四十年的时光已经流逝,然而却宛如昨日刚刚发生的事情一般,历历在目……

2

"阿恭啊,去吃寿司好么?"

在角筈公交站下车后,父亲掀起巴拿马草帽檐子,仰望着黄昏的天空,说道。

"哎,爸爸,听说立教的长岛[1]明年要进巨人队了,是真的么?"

"呃呵,这种事情,我可不知道哦。"

手被父亲牵着,走过路口时,恭一在寻找与父亲交谈的话题。他觉得父亲另一只手中提着的旅行包,怎么看都像是炸弹。

走过马路,父亲满脸困惑不已地东张西望,取下眼镜,擦汗。似乎踌躇不决。

恭一将在从中野开出来的公交车里始终萦绕心头的台词,说出

---

1 特指日本著名棒球选手长岛茂雄(1936—)。

口来：

"哎，爸爸。我吧，新妈妈来了也没关系的。那个姐姐吧，长得很好看是不是？比妈妈年轻，又好看。哎，爸爸，就这么办好啦。"

就是这台词。他从未觉得父亲带回家来好几次的女人长得好看过。那女人一双眼睛长得就像狐狸，还是个歪嘴巴。只要与恭一视线相交，那女人必定要啧啧咂舌，扭过脸去。

刚说完这句令人作呕的台词，恭一便闭起了眼睛，向死去的母亲致歉。

"是么？不过，她好像不太喜欢你。"

"那是为什么？我什么也没干呀。"

"没什么。她就是不喜欢孩子。"

父亲说着，扭头看了看东口石头建造的车站大楼。

"去吃寿司好么？肚子饿了吧？"

"肚子不饿。"

他总觉得吃寿司就是最后一个仪式，只要吃了，就无可挽回了。

"哎，爸爸，是那个姐姐在等你么？"

父亲的眼睛在镜片后面陡然一闪，马上就又变成了悲哀的神色：

"干吗这么想？"

"不不，没什么。只是瞎猜。"

父亲西装的肩膀上渗出了汗迹来。

走进公交站前的寿司店里,父亲便说:"拣你喜欢的,别管什么,只管吃。"

恭一从来不知道还有坐在吧椅上点菜这种礼法。见他沉默不言,父亲便自作主张,点了些小孩可能爱吃的寿司。那番温情与平素大相径庭。

他心想,如果哭诉求告,父亲的决心也许会动摇。然而,少年人也有自己的矜持。

与心中所思背道而驰,寿司那几乎令人双颊融化的美味让他深感悲哀。

"阿恭啊,别的不管,你可得好好念书哦。"

一边喝着啤酒,父亲终于把最终叮嘱说了出来。

"爸爸就是因为念书念不好啊,只好被送去做学徒,被拉去当兵。想念书也念不好,所以到现在还被人家当作傻瓜。"

"爸爸可不是傻瓜哟。"

其实他原本打算说:爸爸可不是连孩子都要抛弃不管的傻瓜。也不知道他有没有听明白这层意思。

"就是傻瓜哦。因为是傻瓜,所以把公司也弄垮啦。爸爸呢,其实根本就不想做生意。爸爸胆子小,更适合做个白领。"

"那,就去做个白领不就得了么?"

"做白领的话,非得是大学毕业才行啊。礼拜天休息,礼拜六半休。而且还不必为了赚钱辛苦操劳。"

收音机唱着哀伤的演歌。父亲不吃寿司，光喝啤酒。然后好像下定了决心，说出了一句可怕的话：

"阿恭啊，爸爸还有点儿事，你先到淀桥的表伯伯家里去。从角筈坐公交车，第二站下车。知道怎么走吧？"

那就在新宿附近，是父亲的表兄家。

"小保还有久美，他们都放暑假了。你就在那儿玩好啦，等爸爸来接你。"

恭一愕然失色，将忘记了咀嚼的寿司，好不容易吞咽了下去：

"今天来接我么？"

父亲显然踌躇于作答：

"这个……得看工作情况啦。万一不能去接你，你就住在那里得啦。"

"行呀。我回家去，在家里等爸爸。爸爸，你可要回来哦。"

求求你啦！他本想这么说的，可未能发出声来。

"不行不行。你到表伯伯家里去。爸爸会打电话给他的。"

然后爸爸将金额离谱的零花钱和都营公交车的回数券，塞进了恭一手中。

在角筈公交站，与父亲分手告别。

"那我就在这里等爸爸。我会一直等下去的，爸爸你就回到这里来吧。"

"这孩子，咋这么不懂事！不是跟你说了吗？爸爸不知道今天回不回得来嘛。"

"可我还是等着爸爸。我一直等到最后一班车,所以,爸爸你要尽量赶回来哦。"

大概是心意相通吧,父亲在刚入夜的人行道上弯下腰来,搂住了恭一的肩膀:

"还是白领好啊。阿恭你也一定要好好念书,进大公司就职才行哦!"

做了白领,就可以不必抛弃孩子了么?恭一真想放声大喊。

父亲离去了。

恭一一直在角笛公交站等待着不可能回来的父亲。

潮湿的夜晚,街灯的白光朦朦胧胧,几乎将红蓝霓虹灯光悉数吞吸。起先是呆望着来来往往的车流,后来发觉短裤口袋里有一块冻石,便在人行道上画起了零战[1]。

公交站周围出现了零战与战舰大和号的雄壮编队,可爸爸还没有归来。

挨饭馆店员骂了。他乖乖地道歉,承认不该在人家店门口瞎涂瞎画后,出乎意料,店员竟温和地问他:"在这种地方干什么?"

"在等爸爸。"他说。边说着,边因此话的苦涩而咬了咬嘴唇。

---

1 旧日本海军"零式舰载战斗机"的通称,太平洋战争前夕完成,是超过当时世界水平的单座高性能战斗机。

他心中有数，父亲根本不会回来了。然而如此一来，自己就成了孤儿弃子，因此只能苦苦等待。

更深夜静，店家关门了。店员用假嗓子唱着乡村摇滚，开始拿甲板刷刷洗刷被恭一弄脏的人行道。放下卷帘门，不无厌烦地看了看恭一，再次走进店里，拿来一瓶汽水给他。

好几辆公交车驶了过去。乘客越来越少。每当目送走一辆，恭一的心就变得更加空落落的。空荡荡的公交车驶来，他的心也变得空荡荡的。

驶往荻洼的末班车来了。寥寥无几的乘客悉数下了车。

"这是末班车啦——孩子，最后一班了，你不上么？"

一面拉动折叠门，售票员探出身来，问道。上车之前，恭一再度扭头看了看角筈街头。

家家店铺的灯火大都熄灭后的人行道上，出现了成群的野猫。

淀桥的亲戚家是制作木质浴盆的匠人。

公交站头，表伯母已经来接他了。接到父亲来电后，已经在此等了两个小时啦，伯母说。

"对不起，伯母。"

"阿恭你不必道歉的。"

表伯母说了一句，便沉默不语了。

自己身上究竟发生了什么事，恭一几乎一清二楚，他只是不愿让人察觉到，假装是个一无所知的孩子。

"伯母，听说立教的长岛明年要进巨人队了，是真的么？"

"呃……伯母搞不清楚。回家问问你伯父吧。"

表伯母的手让他想起了妈妈的温暖。

走下成子坂，只见表伯伯拖了条长凳放在作坊前，正喝着啤酒。从表兄妹保夫和久美子抱着双膝，在看着线香焰火。

"啊，阿恭来啦！"

穿着睡衣的久美子木屐吧嗒作响，跑了过来。

"阿恭，听说从今以后你就是我们家的孩子啦。"

"别说傻话！"表伯母厉声制止道。

"这可是爹爹说的哦。他说阿恭家妈妈死了，爸爸又离家出走了，阿恭要当久美子的哥哥啦。"

当年幼的久美子搂住恭一的腰肢时，恭一以手掩面，终于泣不成声。

3

"这种事情，怎么可能呢？一定是酒喝坏啦。不过这……也怪不得啊。"

并肩坐在煞风景的起居室窗边，久美子笑道。妻子陪着喝啤酒，这情形很少见。尽管有了年纪，容颜渐衰，但新宿长大的久美子与填满窗户的摩天楼十分相配。

"是么？我倒觉得看得清清楚楚呢。"

"你想想看呀，巴拿马草帽配麻布西装，这种打扮，现在哪里还会有啊？"

"所以才更加奇怪嘛，不可能看错，对不对？先不管是不是我爸爸，我可是清清楚楚地看见了一个这身打扮的男子，就在马路对面晃来晃去。"

"错觉啦，肯定是错觉。叫人有点儿伤心。好啦，今晚怎么睡呢？老公？"

扭头看去，洞开的卧室里连床也没了。

"对不起——他们说等我们一搬走，马上就搬进来住。所以，床也今天就扔掉啦。大件垃圾，只有今天才来回收。"

这个世道，二手房能够不还价就卖出去，就算万幸了。看来妻子很在意下家买主。

"总觉得有点儿太可惜。还能再接着用呢。"

"我说阿恭呀——"

久美子喊着丈夫的名字。

"得设身处地为对方想想呀。其他的家具倒也罢了，可床这东西嘛——"

"啊啊，那倒也是。"

新婚时，分期付款买的双人床。之所以觉得可惜，是因为觉得就仿佛是把二十年的记忆弃若敝屣一般。

宛如兄妹一般长大的二人，本不可能成为恋人关系的。久美子大专毕业时，表伯伯的一句玩笑话，须臾之间便促成了他们俩。

就在那张已然丢弃的床上，二人笨手笨脚地寻觅爱的栖所，耗费时日培育了它。

"他们还说要把那个房间留给孩子住。"

每当妻子口中说出"孩子"一词，贯井就会悚然一惊。没能让她做成母亲。这是自己对久美子的罪过。

"被子呢？"

贯井换了话题。

"这个吧——你别生气，好么？"

"嗯，不生气。"

"哥哥今天来拿电视机和客厅家具啦。一不留神，把被子也装车拉走了。等车子开走之后，我才想起来。我好傻吧？"

二人并肩大笑起来。

"久美傻，小保也大差不离。跟从前一样啊。"

"大差不离？本来就是兄妹嘛。"

话音刚落，久美子似乎要收回这脱口而出的话似的，欲言又止，抱膝垂首。

"对不起，阿恭。"

"咦，为什么？"

"我爱唠叨，总是说怪话。刺伤你的话。虽然我已经很小心了。"

久美子的善解人意，恭一起小就屡有感觉。一想到远赴异国之后，妻子还会谨言慎行地渐渐老去，贯井便心痛难禁。

"伯伯，为什么不给我转户口啊？"

"这个嘛……是因为伯伯相信阿恭的爸爸是会回来的呀。"

"不是没回来吗？"

愤愤不平地吐出了这么一句，悲上心来。为了父亲的行径而哭泣，只有在遭到抛弃的当晚那一次。情不自禁地用手指头按住眼角，贯井觉得自己已渐入老境。

久美子搂住了恭一的肩膀：

"啊哟，你变得神经过敏啦。不过，要是你当时做了我哥哥，咱俩就当不成夫妻啦。"

"我吧，很想管伯伯叫爸爸，还想管伯母叫妈妈。小保、久美，每次这么称呼你们时，就觉得自己是个累赘。"

"阿恭你可不是咱家的累赘噢。爹爹也好，妈妈也好，不是一直到死都感到很自豪的么？阿恭你是我们全家的骄傲哎。"

东大录取公布那天，全家人倾巢出动，赶到了本乡。这样的考生，再没有第二个。看到喜极而泣的家人，他心想，我果然就是个吃闲饭的啊！

"我说，阿恭啊，事到如今再这么做未免奇怪——你就喊我久美子吧。以后就这么叫我好了。"

"那咋好意思呢，这么称呼。"

"反正咱们去的地方一个熟人也没有，你就这么喊我吧。好么？就这么喊。"

对于久美子的温情，自己该如何回报呢？贯井寻思。

这温情来自父母遗传。

中学时，花名册上的地址写着"堀内家转交"，令他很不舒服，曾经请求伯父干脆给他改姓。并不曾明言要求收为养子，但其实是一回事。

"我不知道哎，还有过这种事情。"

"你知道伯伯那时候是怎么说的么？"

"这个么——对啦，大概是说，浑小子，这么麻烦的事，我可做不来！对不？"

"不对不对。伯伯当时正在作坊里刨木头，他用一块小木板给我做了一个名牌。然后拿万能笔写上一行蹩脚的字'贯井恭一'，说'怎么样？这下子就不要再写堀内家转交了吧？'"

"哦，原来是这样。那个名牌，现在还挂在那里呢。哥哥大概没注意。"

"不可能没注意吧，只是没摘下来而已。小保也是个好心人哪。"

"不过吧——"久美子仿佛想起来似的,将头发解开,披散了下来,脑袋倚在丈夫肩膀上。静静地呼吸,与填满了窗户的摩天楼顶红灯的闪烁同速。

"那爹爹干吗不给你转户口呢?阿恭你等于是说了希望这么做的呀。"

"所以说,他是相信我爸爸他——"

爸爸这个词,又令贯井伤心起来。

"相信他会回来的。只能这么认为啦。"

"也许他是想让你和我在一起呢。"

"啊,是么?也许真是这样。"

"他肯定是不想放走阿恭啦。让你跟我结婚的话,你就是他的儿子啦。这不是个好主意么?所以吧——"

久美子突然闭口不语。接下去她想说什么话,贯井心里一清二楚。

"对不起。"

"没事。应该道歉的是我。"

必须道歉,贯井心想。此刻不道歉的话,这个机会就永远也不会到来了。

"而且吧,爹爹很想抱孙子呢。我跟阿恭的孩子。"

妻子肯定是想这么说。

伴随着道歉,贯井压低声音,哭了。

"我这个人有点儿不正常。什么年纪还轻啦,什么还要调动工作啦，这些全都是找出来的借口。"

"好啦，阿恭。别说啦。"

"我是害怕当父亲哦。这才是唯一真正的理由。我害怕看到久美的肚子一天天大起来，害怕得不行。"

"别说啦。求求你。"

"我不知道把孩子打下来居然是这么危险的事情。是我毁了久美啊。"

"对不起！"贯井仿佛少年一般，连说了十遍。后来话不成声了。

妻子紧搂着自己战栗的后背，那双手是多么的温柔啊。

"已经没事啦，阿恭。我心里有数的。我明白阿恭为什么那么不开心。不是么？那还是你头一回骂我呢。之前也好，之后也好，只有过那么一回——对不起，别再哭啦。"

那一夜，贯井和妻子就像一对小鸟，相互拥搂着睡去。

久美子的吻，如同二十年前的初夜一样，僵硬，笨拙。

4

就如同角筈这个地名消失了一样，淀桥、柏木、十二社这些新宿一带的旧地名，在地图上也都找寻不到了。

"仅仅是为了方便，就将生于斯长于斯的故乡名字一笔勾销，实在是岂有此理！"保夫一面斟酒，一面说道。

"不过阿恭呀，仔细想想呢，大伙个个都是把祖传土地三文不值二文地脱手卖掉溜之大吉的家伙，没有资格指责官府如何如何哦。"

听上去也有些不服气的意思。

临近新宿新都心的这一带，在地价高腾的顶峰时曾经达到过一坪[1]一亿日元。多数居民在这一时期撒手卖掉祖传宅地，倒也无可指责。

坐失出手良机不说，还得支付巨额固定资产税和遗产税的保夫心生懊悔，也让人觉得情有可原。

夫妻俩意见一致：在日本的最后一天要在淀桥老家度过。

久美子和嫂子带着孩子们去买东西了。保夫与恭一该有多少时间没有这样相向而坐，举杯对酌了？

"久美子到底还是没能养出孩子来，对不起你呀。果然，血缘太近不是个好事情啊。"

"没那回事。都怪我太忙啦。"

昨夜与妻子枕上夜话，说起过等到在里约安定下来之后，就去收养一个日裔养子。

贯井将目光移向淫雨霏霏的午后庭院。坏朽了的板墙外，混凝土造的大楼重重环绕，唯独这户人家的风姿奇迹般地毫无变化。

"这么说来，长岛都年过花甲啦。难以置信啊。"

---

[1] 1坪约合3.3平方米。

"是么？真是难以置信。咱俩也一把年纪啦。大家都是3号嘛，自然就感慨良深喽。"

白日纵酒，保夫那面赤耳热的笑颜令人目眩。

念小学时，担任三垒手的第四击球手[1]保夫，把这个光荣的号码让给了板凳队员恭一。对此，无人敢有异议。

"听说小学校也关门大吉喽。"

"真的啊？"

"好没劲哪。咱们仨的学校啊！"

"我是二年级第二学期转来的。"

"阿恭，你从那时候起就一直是第一名。咱们可是血脉相连的从表兄弟呀，为什么差距就这么大呢？大家都觉得惊奇。"

"大概是压力太大吧。"

"没那回事吧。我看咱们压根儿就不一样。"

同龄的保夫初中毕业后考进了工业高中，继承了家业。恭一升入了东京都立重点高中。直到考进东大，搬去驹场的学生宿舍为止，两人在放了张双层床的四叠半房间里共同生活了十年。

将视线转向了手垢斑斑的隔扇。四叠半房间内面，是久美子的三叠房间。还有这个六叠起居间。就是这样一个逼仄狭小的家，居然慷慨地收留了自己，这，即便是在那个贫穷的年代，也不是一件容易的

---

[1] 进攻时第四个出场的击球手，通常由队里最强选手担任。

事情。

比如说——这种猜测不无俚俗之嫌，还正当盛年的表伯伯与表伯母，夫妻生活只怕就此打住了也说不定，他心想。

拉开入口处的玻璃门，回头探望作坊。曾经埋没在木屑堆里的地方，如今收拾得整整齐齐，崭新的提桶堆积如山。

"被超市退货啦。没法子，只好放在店里头卖卖看。可杉木提桶什么的，根本就不会有人来买的吧。"

保夫的自嘲似乎颇为凄凉。仿佛好不容易抓住了开口的契机，保夫间不容发地说道：

"我说阿恭呀，我一直憋到今天都没说出来过，你听我说，可别生气啊。"

"啊？什么事呀？你这么严肃。"

保夫放下啤酒杯，一本正经地挺直了腰板：

"我打算把房子卖啦。"

骨节凸起的匠人那一双手，齐整整地撑在大腿上，保夫乞求原谅似的继续说道：

"税金拖欠到现在也没钱付，生意也弄成了这副样子。早知道就在时机好的时候卖掉算嘞，不承想落到了走投无路的地步。我想，与其被查封拍卖，还不如趁现在卖掉算了，哪怕价格便宜点儿也行。"

"需要用钱的话，我这里还有点儿。刚把房子卖掉啦。"

"别别别！"保夫摆摆手。

"阿恭你的好意我心领了，不过那归那这归这。就算眼下对付过去了，今后也还是一筹莫展。卖掉的话就能把欠账全都清算了，还能到郊外去买一套房子。银行也说这么做好。"

"小保你自己咋办？"

"有家木材行说让我去做。到了这把年纪再去靠挣工资吃饭，心里头没底啊。"

"久美她知道么？"

保夫犹豫片刻，未答言，先劝酒。

"我没跟她讲。嫁出去的姑娘，已经没关系啦。"

恭一正想争辩，又把话咽了下去。

"我想，得请求恭一你原谅才行。我，是个不孝之子啊。"

说你是不孝之子的话，那我也一样呢！恭一暗想。只顾着忙工作，表伯伯表伯母的大恩大德我可是未报分毫呀。而且——我还给久美子带来了不幸。

"阿恭你的事，我从久美那里听到了一点儿。我想你们也烦心事不断，就没敢告诉你们。这事我做得欠考虑。"

被高楼大厦重重包围的起居室里，阳光射不进来。天井的屋檐下，从孩提时代就一直悬挂在那里的风铃，发出哀怨的铃音。

说不定，在郊外的房间门扉上，保夫也会挂上一块"贯井恭一"的名牌呢。他心想。

一想到这情形，恭一便仿佛胸口被剜了一刀似的，垂下了脑袋。

不得不说的话太多，说出口来的却只有一句：

"小保，我——是我给久美带来了不幸。"

从来不曾放荡过。酒是喝的，却是为了应酬。二十年间，只有过妻子一个女人。可尽管这样，还是让久美子成了不幸的女人！恭一由衷地懊悔。

"咋回事，那是？"保夫莫名其妙，问道，"去海外赴任，对商社人的老婆来说不是理所当然的么？"

两码事！恭一在心里喊道。

那一夜，在路上迎接自己的家人的身影，一个个地在胸中苏醒了。

表伯母那温暖的手掌。奔着扑上身来的幼小的久美子。长凳前冲着自己笑的寡言的表伯父。保夫挥动双手，欢迎自己。

家人下定了温柔的决心。胸中仿佛大铁球一般揣着不幸的块垒前来投靠的远亲少年。他们那时候决心赌上他们的一切，治愈恭一的痛楚。

从东大毕业，在商社就职之后，恭一的伤口仍未治愈，这一点，表伯父恐怕心知肚明。所以他将永远持续治愈那伤口的使命，交给了久美子。

可我居然让久美子成了不幸的女人！恭一想道。

"久美子很幸福哦。阿恭，你胡说什么呢？"

根本不对！小保。我因为自己那晚蒙受的伤害，把不幸带给了久美子，剥夺了她做母亲的权利，最后落到了这步田地！

会有自己向保夫忏悔一切罪过的那一天么？恭一心下念道。

意想不到的电话打进来，是在正打算出门的时候。

自己的所在之处，小田又是如何知道的呢？他首先说出了这个疑问，小田回答说："因为公寓电话打不通，就查看了原来的员工花名册。"

能够想到这一点，恐怕是在查询了东京都内及港湾一带的所有宾馆之后吧。估计他是在走访公司各处，将自己最后可能顺道弯了弯的场所都查了个遍，方才想起了自己老家的吧，恭一揣测道。倒还真叫他找着了。

装作事先就知道恭一所在的模样，小田平静地说道：

"啊呀，总算赶上啦。航班，几时飞？是十九点的巴西航空呢？还是二十二点的JAL[1]？"

"跟你说算啦。你问这些，打算咋办？"

"请让我去送您。我一个人去。"

"算了吧。项目组的袯禊已经了结啦。你们几个人太拖泥带水了，也该适可而止，立地成佛吧。再见啦。"

正打算放下电话，小田高声喊住了他。

"今天，内部通告下来了。九月里人事调动，我将成为贯井君的后任。"

1　Japan Airlines（日本航空公司）的简称。

"后任？那祝贺你啦。营业一部部长可是个大红大紫的明星人物哦。好好干！太好啦，小田。这样的话，我也能成佛啦。"

突然，低低的、压抑的吼声传进了耳廓。

"他们怎么可以这么做？只要把贯井君赶走了，就什么事情都没有了么？"

"喂喂，你旁边没有其他人吧？"

"有我也不管啦。喏，您说句话呀，贯井君。这种做法也太不讲道理了吧？通告还说冈田任企划室长，富山当秘书科长。就贯井君一个人被赶走了，项目组其他成员全体升官么？大伙都在这里。都在哭呢。我让他们来说话。"

"得得得，别再说啦。那只不过证明，我的部下很优秀喽。"

"不，不是那么回事。您知道的呀，我们都是……对不起，我太激动了。我们大家都是贯井君培养起来的。从刚进公司开始直到升上课长职位，不都是贯井君提拔大家的么？"

"你错了，小田。那是因为你们很优秀。我很幸运，有这些优秀的部下。"

听筒里，传来了部下们愤怒的声音。大概是从电话扬声器里听到了交谈内容。

"我们要打一场复仇战争。刚刚跟大伙商量过了，哪怕都被赶走也不在乎，要把贯井君再次弄回总公司来。"

"别说蠢话！"

贯井怒吼道。电话那端立时安静了下来。

"那是再过十年，等你们当上了公司领导之后才能考虑的事情。懂了么？这是我最后的命令。别去想无聊的事情。小田也好，富山也好，冈田也好，你们都要当上领导！如果是董事会作出决定，我就回总公司。只要不是基于全体意见的公司命令，我是不会遵从的。"

小田压低声音抽泣着。

十年——就算他们完成了这道命令，从里约回来时，作为商社人也已余命无多了。

"对不起您。我们会努力干。"

小田如此说道。周围响起了相同的话。

"送行就不必啦。别打扰我们的蜜月旅行。"

只说了这么一句，贯井便放下了电话。

5

里约。地球的背面。距离日本最远的地方。

从成田到圣保罗，须经由洛杉矶，飞行二十一小时。

尽管纵横世界已达四分之一世纪，可唯独这个分公司他从未去过。

前任是个年长十几岁的老头，宛似遗物一般，长年被忘却在了那里。人事部事先打了电话，告诉他贯井是他的继任，他竟回答说别乱开玩笑。

据说完成工作交接后他正好退休。事到如今再回日本也无事可做，干脆拿个永居证，就在日裔经营的咖啡园里度过余生得了。

这样的人生似乎也不错。

掠过计程车窗的祖国风景看似黑白老电影，大约是因为凝固了的失意在作祟吧。愤怒也罢，希冀也罢，感叹也罢，都已然丝毫也感觉不到了。

与保夫交杯换盏白日纵饮，那啤酒出乎意料地奏了效。唯有手足奇妙地发热，舒适。既不是昏睡，又不是清醒，恭一朦朦胧胧地眺望着向后退去的新宿街区。

傍晚时分的车流高峰，导致了新都心上行闸道口关闭。晚间十点的航班，时间上还有余裕。他告诉司机说，转回靖国大街，改从都心的闸道口驶上高速。

"久美啊，可以问你一句怪话么？"

"你问呀。可别吓着我哦。"

依依不舍地凝望着故乡的风景，妻子答道。

"你还记得我爸爸么？"

"中野的表叔么？依稀有点儿印象。戴着副眼镜，对吧？总是系着领带，穿着西装。然后，还有发蜡的气味。"

"大概蛮时髦的吧。他的确总是那副打扮，还必定要戴顶帽子。"

总公司大楼中层以上隐没在雨云之中。

"这一带从前是净水厂。咱们去抓过鱼,还记得么?"

"保安从后面追我们,久美被逮着了。"

"哥哥逃掉了,可阿恭你却跑回来了。我吧,从那时候起就有点儿喜欢上你啦。"

"我可不是跑回来救你的哦。"

"啊哟,是这样啊?好失望。"

"我是不愿做胆小鬼。不管什么时候,我一直都是这么想的。"

原本打算为自己的人生自豪的,可这恐怕不是该向妻子说的话。

新宿飘洒着柔润的雨。来到了俯瞰黄昏时分的歌舞伎町的大高架桥附近,妻子仿佛终于想起来似的问道:

"阿恭,你在想昨天的事吧?"

恭一不答,注视着往来的伞潮。

"那是错觉噢。念念不忘这种事情,脑子要出毛病的。电视里说啦,痴呆从四十多岁就开始啦。"

应该是错觉。幻象也好,幽灵也好,还有时间穿越,他都不相信。只有一样东西,是他愿意相信的。

在自己乘上末班车驶向表伯父家去之后,父亲与女人分手,回到角筈来寻找自己了。而且,父亲奔走在夜深人静的街道上,四处向路人、流浪汉和关门打烊的店员打听,有没有在这一带见到过一个八岁左右的男孩。

　　找累了，又回到了女人身边，那也无所谓。在意图抛弃孩子这一点上并无不同，也无所谓。只是，他宁愿相信，为了正式道别，父亲曾经回来寻找过自己。

　　他想，应该是事出有因。就连自己，也曾出于一己之私而杀了孩子，事到如今哪还有资格责怪父亲。不过，还是希望父亲像个男子汉，不说谎话，干脆决绝地抛弃自己。

　　计程车驰过霓虹灯开始点亮的歌舞伎町的大道。凝目注视着公交站头的人群，寻找父亲的身影。

　　无论如何也想见上一面。为了一无所知的流放地生涯和无罪无过却要陪伴自己流放的妻子，必须恢复这一切。

　　车子驶过了角筈的杂沓纷攘。

　　正打算歇口气，将身子沉埋在座位里时，恭一觉得在花园神社昏暗的小径深处，看见了一件白色西装。

　　"不好意思，请停一下车好么？"

　　车子在红绿灯前紧急停车。

　　"怎么啦？"

　　"没什么。不是什么大事情，我想去花园神社买个护身符。马上就回来，你们等我一下。"

　　指不定又是错觉。道路前方雾雨蒙蒙。

　　花园神社的小径掩覆在银杏与樱树丛中。在迈入牌坊之前，恭一整了整领带，将西装纽扣扣好。

"爸爸……"

隧道般昏暗的石头路上，街灯的圆形光环中，父亲呆呆地伫立在那里。白色巴拿马草帽，麻布夏季西装。还是分手那天的装扮。

"啊呀，阿恭啊，我找了你好久哦。你在这个地方呀。"

眼镜片上映着靖国大街的灯光。

"你回来找过我的，是么？"

父亲踌躇不答，缓缓地走近恭一。令人怀念的发蜡气味扑鼻而来。

该说点儿什么为好呢？

"爸爸……长岛到底还是进了巨人队啦。"

"嗨嗨，是么？爸爸连投球游戏也没能跟你一起玩呀。"

"没关系。我每天都跟小保玩来着。伯伯还给我买了球衣。号码还是3号呢。"

父亲听着听着便俯下了头去。沉默了一会儿之后，父亲将眼镜架子向上推了推，毅然开口说道：

"爸爸有话告诉你。你愿意听么？"

"嗯，说给我听听。我决不会哭，也不会生气。爸爸你把心里想的，全都告诉我吧。"

父亲走近前来，直到伸手可及之处，点了点头。身高正好相同。

"爸爸吧，处境很艰难。"

"嗯，我明白。"

"你妈妈死了，公司也完了，爸爸已经在东京待不下去了。只好到很远的地方去，可是你太小，没法带你走。而且——那个姐姐也说，不愿跟你在一起。"

父亲把孩子和女人放到天平上去称过么？不，大概不会这样吧。爸爸肯定是为了孩子的幸福，才选择那么做的。表情充满了苦涩，眼睛却十分温柔。

爸爸决然地说道：

"阿恭，对不起啦，爸爸要舍弃你。"

就是想听到这句话。恭一以袖掩目，哭了。

父亲的手抚触到了恭一的肩膀。恭一有生以来头一回口吐怨言：

"爸爸，我真的当上白领啦。我听爸爸的话，拼命念书，考进大学，当上了爸爸想当的白领。"

父亲仔细端详着恭一的穿戴。

"是么。了不起啊。干得好！"

"我没输给过任何人。不管是在小学、初中还是高中，我一直都是第一名，从来没输给过任何人。进了公司之后，也一直都是第一名。"

"你尽力拼搏啦，阿恭。"

"嗯，我拼搏过啦。说老实话，我是爸爸的孩子，所以脑子其实并不聪明。"

"喂喂，太过分啦，这话说得。"

"而且还胆小。体格也不太强壮。正因为这样，我才更加死命拼搏。难道不是这样么？我是一个弃儿，我不能够输给任何人。只要我输了，人家肯定会说就因为我是个弃儿，就因为我是个被父亲抛弃的孩子。那样就会给爸爸妈妈增添罪过，我不能那样做。哪怕是第二名，那第一名也肯定会这么说我。我不能输给任何人。"

父亲听着，仿佛压抑不住喷涌的感情，捂住嘴巴，将巴拿马草帽檐子向上推去，仰脸望着街灯。

其实还有过更艰辛的体验。虽然当上了出色的白领，却没能当上一个父亲。几乎脱口而出，但恭一又咬紧了嘴唇。他不愿让父亲痛苦。

脑海一隅中清醒的部分想到了这是父亲的亡灵。假定如此，则父亲已然不是此世的人了。与父亲重逢的喜悦，立时化作了深深的悲痛。

"爸爸。"

"什么事？"

"你已经死了么？"

父亲不答，用巴拿马草帽檐子遮住面孔，嘴唇颤抖不停。

"告诉我，你是在哪里、怎么死的？"

对于死者而言，这大概是最为刻薄的问题。父亲好几度痛楚地叹息。

"我死在九州。跟你分手之后没过多久。因为酒和药，肝脏变得硬邦邦。"

"那，所以你才没能来接我，是吧？"

父亲点点头，顺着细细的脸颊，泪珠滴落了下来。

"我在医院里打过电话。临死之前，不管咋样也想见上你一面。"

"这件事，我咋不知道？"

"大概是伯伯没告诉你吧。他责备爸爸，说不能让你见我。不过，当时爸爸拜托他的事，爸爸猜他是做到了。"

"拜托伯伯的事？"

一阵风过，摇曳着树木的枝条。大滴的雨点啪嗒啪嗒地落在了巴拿马草帽上。父亲静静地抬起了脸。

"爸爸拜托他说，我肯定回来接你的，求他不要给你改姓。改姓，就太可怜了。"

"那也太自私了吧。我可是很想做伯伯的孩子的。"

"爸爸知道不可能去接你了。自家的身体嘛。不过吧，爸爸不愿意你做别人家的孩子。因为咱俩一直是两个人一起过日子的。"

母亲死后那段二人相依为命的凄凉日子，又在心头苏醒了来。父亲在整整两年间代替了母亲。

"对不起啊，爸爸。我现在总算明白了。爸爸你太累啦。对不对，是这样的吧？公司也垮了，每天还得做饭烧菜洗衣服，爸爸已经筋疲力尽了。对不起啊，我以前不知道。"

"这种事情，不能成为抛弃孩子的理由哦。是爸爸没出息，窝囊废啊。再加上身体弄坏了，没办法去接你。所以——爸爸还有另外一桩事情也拜托了伯伯。"

"什么事？"

这时，爸爸终于一边哭着一边露出了微笑。

"你知道是什么事吧？"

"不知道。你拜托了他什么？"

"爸爸说，万一我不能去接阿恭，请别让阿恭孤单单的一个人。因为你是个害怕孤单的人。爸爸说，如果可能，就让久美给他做媳妇，咱们永远做亲戚。他这样做了吧？"

恭一目不转睛地注视着父亲，点点头。父亲为自己预留下了一个唯有父母才能预见的未来。

"你们过得好么？"

恐怕能够保证自己人格，带给自己幸福的女人，满世界肯定就只有久美子一个人。

父亲微笑着，身影渐渐变得模糊，隐去了。恭一立正，深深垂下了头。

"谢谢你，爸爸。谢谢啦。"

父亲只剩下了声音，答道：

"让你受苦啦，对不住。再见啦，阿恭——"

举目望去，那里只有在雨中无精打采的昏暗树林。

妻子从背后撑过一把伞来。

"咦，护身符呢？"

"护身符——啊，社务所关门了。咱们走吧！"

"怪人。在这种地方拜什么拜？"

走出牌坊，恭一再次回头看了看雨中的石头路。

"久美子——"

"啊……噢，你咋啦，突如其来地。你刚才喊我什么来着？"

"久美子。不好么？"

"哎，很好呀。可好是好，就是有点儿不好意思，这个叫法。"

角笘烟雨朦胧。父亲大概再也不会在这个街角现身了吧。

恭一在雨伞下搂着妻子的肩膀，心想，等到了成田后，在登机之前去吃寿司去！

对故乡，没有任何依恋。

伽罗

1

那家店究竟在哪里，其准确位置，我不甚了了。

之所以记得是在广尾的常陆宫亲王府附近，是因为把它介绍给自己的那位朋友好像这么说过。

几年前偶然心生眷恋之情，便去寻访，不料那一带样貌大变，甚至连追怀往昔的影子都荡然无存。

那已是二十年前的往事了。只怕早已埋没在从惠比寿穿过涩谷桥直至溜池大街的新路下面了吧，我猜想。

不过，毕竟是王府所在之地，在高楼大厦林立之前，那里在东京也算得上数一数二的公馆街，而在这种地方居然会有一家小巧玲珑的时装店，连想一想都觉得有点儿不自然。

然而毫无疑问，那家店肆的确存在过。越过公馆的围墙，高大的山毛榉和银杏树郁郁苍苍地伸出枝条来，将石头铺就的坡道上空遮掩得严严实实。

我记得是在凭借着酒馆纸餐巾上所画的粗略地图在附近遍寻无果之后,心灰意冷,遂调转方向盘取道回府的途中。

对,那是个细雨蒙蒙的闷热夜晚。雨刮器的隙缝里,突如其来地,一块白色夜光招牌映入眼帘。与其说是终于找到了,未若说有一种稍觉骇诧的记忆。在驶过多次的道路上,感觉宛似揶揄我的焦躁一般,那家店唐突地陡然现身。

不对,路边设置有白色护栏的银杏坡道之类,本是东京公馆街的典型景致,唐突的现身定然是我的错觉。没有任何标志,且被深深雨雾笼罩着的一条道路,莫非是我看漏眼了么?

店名叫作"伽罗"。

不管指派下来的工作量是何等严苛,抑或金钱纷争和男女纠葛是何等恼人,在客户面前都得装出一副阳光快乐的模样。专与精灵鬼怪的女店主们打交道的时装厂家的推销员所必需的敏锐,实际上尽在于此。

无论哪个厂家,被称作王牌推销员的家伙都如出一辙,既非英俊帅哥亦非时髦小生,而必定是马屁精一般佻薄的角色。所以我们穿西装系领带,仅限于四处去拜年的时候,再不就是在宾馆宴会大厅里招待客户——那些时装店主们的场合,平时出门行销时,则尽可能地不修边幅。

那天也是,我上穿红格子衬衫,下着白牛仔裤。任如何不修边幅装可爱，但如果没有清洁感，便很难讨取徐娘半老的店主们的欢心，分管地区的前任告诉我说。

于是乎，一尘不染的白牛仔裤便是我的独特标志，可倘若问我为什么连衬衣图案都还记忆犹新，那则是因为我在走进商店之前曾经对着橱窗仔细检点过自己的形象。"伽罗"就是这种让人一见倾心的时装店。

专卖高级成衣的店家，其销售额并不取决于选址。一家不管位于何等偏僻的场所都能够拥有忠实顾客的商店，从外观上就会飘溢出独特的氛围。

一个欠着我一份人情的同行煞有介事地说："我只告诉你一个人噢！"那理由，我好像有几分明白了。

大概是环绕在深密的林木之中的缘故吧，我想不起来那家店铺究竟是承租了楼宇里的一间店面，抑或是一座独立小楼。假使有人说那是公馆街老复式公寓的一楼，我觉得好像也对头。

外壁掩蔽在青藤之下。橱窗前的花木丛中凤仙花盛开，旁边栽着绽放出淡红色花朵的树木。那便是百日红，而这，我在很久之后才得以知晓。

然而我所知道的百日红都是热乎乎闹哄哄的，有时还会给人以狰狞感。唯独"伽罗"栽的那棵与众不同，让人感到高雅、静谧。无论是那光洁的枝干、叶片，还是淡红色的花朵。

从人行道边稍稍退后些的引道上，铺着琉璃色的瓦片。白色夜光招牌虽然与古典式的外观不相般配,但安着黄铜把手的宽大门扉旁,却点着一盏精雕细琢的青铜檐灯。

一见之下,不像是专卖成衣的时装店。无论是其选址还是其格局,都更像是一家高级裁缝店。

站在橱窗前整装理容之后,我照本宣科地发出一声:"屡蒙关照!"推开了店门。

从悬挂着天鹅绒帘幕的里屋传来一个女人的声音:"来啦。"

"是布洛涅公司的小谷君介绍我来的。晚上前来打搅,不好意思。"

"来啦。"再次传来含混的声音,可那女人却迟迟不肯从帘幕背后走出来。好像是在梳头,空气中飘荡着香水的气味。

约摸十坪左右的正方形店面。等待那女人期间,我若无其事地在店内走来走去,留意观察着货架上悬挂着的商品。

趣味似乎颇为高雅。每件商品都是高级厂家的产品,而且感觉是由慧眼识货者精挑细选的佳品。时值八月中旬,却没有一件短袖,全部是秋季新款,一应俱全。由此可见经营的坚实可信。

印象中照明稍显幽暗。这大概是因为记忆久远的缘故吧。时装店的内部,是不可能灯光晦暗的。

我正观赏着挂在墙上的陈年旧物的壁毯,天鹅绒帘幕终于拉开,女店主露面了。

"承蒙屡屡关照——"

一瞬间，我被那女人的美貌惊得目瞪口呆，把下面的台词忘得一干二净。

时装店的女主人这类角色，其相貌美丑姑且不论，但必定都是那类不乏悍勇故事、面和心毒的中年妇人。对于一直以来专与这种妇人做生意的我而言，此人那有如这一带公馆年轻太太般的贤淑印象，出乎意料。

"布洛涅公司的小谷君介绍我来……"

接过名片去的女人的手，白得好似珐琅。

"啊，我已经接到了小谷先生的电话。南青山的圣多米尼克。那可是顶级制造商啊。"

女人毫无炫耀之意地操着一口理应早已消亡了的老江户话，听上去没有丝毫不自然之感。

油黑乌亮的头发在脑后盘作优雅的发髻。由方才帘幕后面的梳洗声，可以想象那盘起来的头发一定很长。

"贵公司的商品，我颇为了解。条件与布洛涅那边相同，可以么？"

眼角堆起魅惑的皱纹，女人嫣然一笑。年龄约摸在三十中段吧。

张口便谈条件，令我感受到了这个女人的精明老辣，于是顺口便来了一句现成的奉承话：

"哇哦，您身上这件连衣裙好漂亮！是真丝的么？"

女人身穿一袭深灰色连衣裙，胸前饰有大大的褶裥。现如今哪还有真丝缎面的长连衣裙！更何况季节又正值盛夏。我猜想，那不是人造丝就是涤纶，不过首先赞美对方衣着，乃是推销时装的惯用手法。

"多谢谬奖。太不巧啦，这是化纤哦。"

女人仿佛跳着小步舞一般，捏起连衣裙的下摆给我看。不论是轻柔程度还是滑润的触感，都毫无疑问地表明那是上等的丝绸缎料。

我记得她身材高挑。要不就是脊梁挺得笔直再加上颈脖细长，因而显得如此亦未可知。

女人打开旧式收银机，递给我一张和纸[1]上印着毛笔字体的名片。

　　时装店伽罗　立花静

"简直像是艺名嘛。"

"时装店这个叫法，我虽然不太喜欢，可如果只写店名的话，不就像是小酒馆的名片一样了么？"

我不敢正视那张小巧的瓜子脸，笑着将眼睛转向了橱窗。

百日红被雨水淋湿了。仿佛伫立在昏暗的坡道上似的，两具人体模型裹着艳丽的连衣裙，辉映在玻璃上。

橱窗上看不到女人的身影，我猜想是光线与角度的缘故，还可能是说完了几句后便立刻起身泡茶去了。

1　用传统方法制造的日本纸。

我喝了飘拂着玫瑰花香的红茶。

在饴糖色的藤椅里,隔着茶几相对而坐。之后与立花静交谈了些什么,记忆里踪影全无。

当时时装业界的绝好景气,要想解释清楚,那可是难事一桩。

那是一个世间滋润富足,时尚急剧日常化的时代。说到女性们的装扮,搁从前,无非就是拿些实用衣物和裁缝店里定做的衣服凑合对付,而现在,一种叫作高级成衣的崭新时装品类粉墨登场了。

将专门销售这一品类,既非洋品店亦非洋装店的店铺命名为"时装店"的,到底是什么人呢?

对于从家务中解放了出来、抑或是入职就业的女性们来说,套装成衣与绅士们的西服一样,成了生活必需品。顺应理所当然的时代要求,企划生产这些衣物的厂家急速成长,而供应这些衣物,叫作时装店的零售店铺在东京都内遍地林立。

那股势头简直有如闹革命一般。时装业界完成了飞跃,然而我们这些人却为季节与流行所穷追紧逼,不得不夜以继日地拼命工作。

一大清早便去公司,撰写前一日的营业报告书,接受质检。再度将西服套装和连衣裙装满面包车,驶往老主顾们的时装店。开拓销售渠道也好,洽谈交易也好,交货也好,收款也好,全部由推销员来承担。为了完成布置下来的工作量,既没有休息日,也没有固定的下班时间。我们永远处于精疲力竭的状态。

青山和麻布的干道沿路，有一些聚集地，这些都市推销员就在此休息疲惫的身体。做完一天工作之后的深夜，我们将各式各样的面包车停靠在路边，寄身于潇洒的酒亭吧台前，发发牢骚，说说笑话，同时也会交换贵重情报。

布洛涅的小谷，偷偷地向我介绍了那位大主顾，就是在点缀着青色霓虹灯的西麻布一家小酒吧里。

"听好喽，不能告诉任何人噢！绝对不行噢！"

小谷煞有介事地低声说道。

"选址很差，不知底细的推销员们是绝对想不到去那里的。从初夏服装开始，一下子就大量进货。而且货款是百分百的现金。从不砍价，从不退货，全部卖光！"

"哼！"我嗤之以鼻。小谷介绍来的"大主顾"，曾经好几次让我吃足苦头。

"只怕是要重蹈高圆寺的覆辙吧。从不砍价从不退货？你小子，那次好像也是这么说的哟！"

"这回不一样！我告诉你就是为了赎罪嘛。哦，是么。那没关系呀。据我看他们那里好像还有空间，容得下另一家公司，所以这才告诉你的哦。"

布洛涅和圣多米尼克之间存在着商品竞争。不仅以职业女性为顾客的理念相同，连面料供应商和缝制工厂也差不多完全一样，就在前一年还闹出过互挖对方主任设计师的骚动来，是一对死对头。

若不是因为彼此都是顶尖推销员的话,我猜小谷和我大概不会成为朋友。

"那样一个大主顾,干什么还要转让给我呢?要是我真心推介多米尼克的商品,只怕你小子就要尴尬了吧?"

"哪里哪里。"小谷竖起马球衫的领子,笑了。

"呃,这种地方,不是应该公平竞争么?我觉得吧,与其叫其他厂家来乱搅浑水,还不如由咱们两家来当龙头老大呢。"

"你是说,把它弄成布洛涅和多米尼克两家独占的店铺么?是啊,这倒不坏。"

我觉得这是个诱人的提议。此时正值景气停滞与商品过剩导致销售额已涨至极限,说到从不砍价,从不退货,百分百现金付款的商店,其真相便可想而知。那就是,若非由资本家的夫人,便是由资助人赞助经营的,属于拿钱不当回事的外行人做生意。

小谷仿佛看透了我的心思一般,含着玻璃杯的嘴角笑了。

我之所以知道了"伽罗",概而言之,其来龙去脉便是如此。

初次登门拜访的那个雨夜,我竟一下子批发出去三十套秋服套装。旺季商品一口价便脱手了,相当于仅仅一个小时的洽谈便完成了好几天的工作量。

只要有心相劝,恐怕从车上搬下多少,立花静就会买进多少。然而,这种做法绝不可取。对于外行店主,须得让他活不成死不了,慢慢地吃掉它——这是做时装店推销业务的常识。

直到历书上所说的秋天到来为止，我没有再去过"伽罗"。待到秋装全部出齐时再去拜访，顺带收回货款，正式开始交易便可。

对于迟早要倒闭的业余买卖，究竟能够吃上几年，这正是顶级推销员展现手段的地方。

尽管不曾露骨地说出口来，但我觉得小谷大概也是这么想的。

2

九月初，总经理结束长期出差，回来了。

名义上是采购面料兼作市场调查，但其实就是一次私人海外旅行，这一点，人人心知肚明。早就不再是欧洲面料大受追捧的时代了，况且，就带着一个模特出身的自称设计师的人，所谓市场调查也无非有名无实。

然而这种流言是公司里的禁忌。自立门户以来短短五年便大获成功的老板，就连其罕见的容貌和华丽的行状，都成为"青山圣多米尼克"品牌的一部分了。

检验所的收音机播告，大型台风正在逼近。

卷着温吞的风暴，青色保时捷滑进了地下斜坡。与车身同色的上衣翩跹翻飞，老板将钥匙扔给了慌慌张张地前来迎接的管理科长，不问张三李四，逮着人就是一番训斥。

又是把车子送去洗洗啦,又是商品装得太满啦,又是检验所杂乱无章啦——这些,就好比是老板的清晨问候语。

突然,老板将目光停留在了正从箱形小货车上卸载熨衣厂刚刚送上来的商品的我身上,呼唤我的名字。

我的车子永远整洁锃亮,老板不在期间的销售成绩照例是出类拔萃。当然,也没有做过任何应受指责的不妥行为。

"喂,你到总经理室来一下。"

老板表情怪异地说道。

"您回来啦,老板。您辛苦啦。"

老板对我理也不理,乘上了电梯。

虽说是一家成立未久的厂家,公司里毕竟也有六十来个人,普通推销员难得有机会走进总经理室。在一望便知是老板口味,装饰得艳俗无比的房间里,我僵直地坐在沙发上,等待着挨训。

老板叫秘书退出室外,抚弄着衣领敞开处的黄金项链,半晌,一直在看文件。

"你小子,八月份砍下了一千万嘛!了不起呀。"

将一只手肘撑在桌子上,老板对我飞了个媚眼。有句话说,男人的性感就是其睡过的女人数量,看来此言不假。每当我发觉这种绝非我等可以摹肖的性感,便总是对男人的四十岁艳羡不已。

并非为了表扬而唤我前来的。老板须臾便恢复了原先那不高兴的表情,立起身,坐到了我的对面。

"我说你小子啊,把那条白牛仔给我废掉。看上去像小孩似的。"

只怕也不是为了说这话吧。

"夏天里能砍下一千万的,找遍东京也没几个。这种家伙吧,可都穿着白衬衣,系着领带哦。"

老板叼起一支细雪茄,给我也递了一支。肩膀后面的飘窗里,仿佛张着绢绸一般的秋空四下摊开了去。

"老板,您当年做推销时也是白衬衣加领带么?"

我问了个朴素的问题。并非争辩,只是因为我无法想象那种风格的老板。

老板从薄薄的嘴唇尽端吐出烟雾,苦苦一笑:

"不是。我穿的是白牛仔。"

然后老板将夹着雪茄的手指放在太阳穴上,思考片刻。飘窗的秋空中,穿着西服上衣的肩膀似乎蜷缩了起来。这大概是我神经过敏吧。

老板冷不防地盯着我说道:

"我想问问你广尾那位客人的事。"

"广尾?您说的是哪家店?"

"新开拓的那家店呀。"

"啊,您是说'伽罗'吧。"

听我说起店名,老板宛似感觉到了痛楚一般,紧紧地闭上了眼睛。

我便一五一十地如实汇报，那家店是布洛涅的小谷介绍的，位置很不显眼但好像客源很好，暂且投入了三十套秋装观看情况，等等。

"新开拓的客户，一下子就是三十套么？要不要紧啊？"

"后续交易，等确认了第一笔货款入账之后再说。"

"那是当然。不过，你差不多该去看看情况啦。如果销路不好，就撤回来。"

"啊？是要退货么？"

这道指令出乎意料。老板一贯是讨厌畏首畏尾的营销手法的。

"反正你照我说的做！我晓得你小子是怎么想的，不过，用这种手法要看对象。明白了么？不许坑人家！"

作为经营者绝不可说出口来的"坑"这个业界用语，老板竟然也用上了。

纸型工拿着大衣货样走进总经理室。我满心疑惑地退了出去。

关门时，老板再次叮嘱道：

"那种主顾么，就让给布洛涅好了。不必勉强。"

老板的意思，我完全无法理解。

第二次拜访"伽罗"——对啦，百日红色彩褪尽，取而代之的，是其根部仿佛熊熊烈焰一般盛开的龙爪花，因此应当是在九月半过后。

那是橱窗外往来的行人将异样修长的身影拖曳在坡道上的黄昏

时分。

"好漂亮的花啊！"我说。立花静炫目似的眯起眼睛，答道：

"这花儿好奇怪。简直就像是算准了时期，到了秋分前后那一周就会开花。好像要到佛前上供去一样。"

这天，她穿的也是胸前饰有大大褶裥的绸缎连衣裙，长发在脑后盘作发髻。这张侧脸，看得我心驰神迷。

为年长女性所魅惑，于我还是初次体验。

"托您的福，销路很好。几乎没剩下几件了吧。"

我啜饮着飘拂着玫瑰花香的红茶，若无其事地环顾店内。多少显得缺货的货架上，布洛涅的银色标签颇为醒目。

"进了不少布洛涅的商品么。"

"那是因为您不肯赏脸光顾呀。"

朱红色的夕阳从橱窗射进来。立花静长裙拖曳，交拢双腿坐在藤椅上。

"今天请您给我进点儿货吧。我非常看中多米尼克的商品。"

说话口吻从容不迫，简直不像是在谈生意，立花静将手指放在微微歪向一边的脸颊上，嫣然微笑。于是我知道了，她的皮肤夜间会染上灯光的颜色，黄昏时会染上暮霭的颜色。

仿佛厌倦时光般的大提琴声，静静地流淌着。

"呃，有个怪怪的问题，我可不可以问问您？"

"行呀。请问吧。"

"老板娘,您为什么不佩戴首饰?我看您不戴项链,也不戴耳环。"

立花静仿佛听到此话方才意识到似的,摸了摸饰有褶裥的领口,看看没有一枚戒指的手指头。

"我的工作是卖衣服呀。戴了不是对客人失礼么?"

莫非是要彻底做个隐身人的意思么?倘若如此,那么她的美貌才最不合情理,我暗忖。全身不戴任何饰品,这令她的美愈发夺目。这样一个她,肯定会让客人感觉傲慢,心生嫉妒。

"我就是个人体模型。"

若无其事的这一句话,令我浑身战栗。她大约是指的售货员,然而我却不由得将目光转向了排列在橱窗里的人体模型背影。

立花静从漆皮提包里拿出个厚厚的信封,放在了桌上。

"虽然还没到付款日,请您先收下。不过,您得给我进点儿货哦。"

"不不,我并不是这个意思。"

"公司一定敲打过您了吧?头一笔生意,买得有点儿过头了,对不?不过您瞧,差不多全卖出去啦。我并没有为难自己。"

信封里装着索求的金额。小谷所言不虚。

"我可以照单全收么?"

"什么?"立花静深感意外,盯了我一眼。那茫然无措、瞪圆的眼睛甚是可爱。任何一个推销员,必定都会心中窃喜,暗自叫好,开开心心地收下这笔不谙世事的货款。

"您怎么啦？"

立花静窥视着我的脸。

我的确不太正常，竟突然思考起"坑"这个业界用语的龌龊来。我无法正视那双无垢的眼睛，便将目光移开。陡然，一句自己也没想到的话脱口而出。

"呃，一般来说，只要付给我索求金额的七成就可以了。"

"什么？七成？"

"就是说，这是业界的惯例。以防出现次品和退货。另外，要是在结算月付款的话，那也大抵按照季末折扣账单处理。"

立花静听到我的话，思考了片刻。

"那不就成了……只要支付索求金额的七成就可以了么？"

"对。实际上就是这么回事。"

"可是，从来没有人告诉过我这些话哦。这到底是怎么回事啊？我搞不懂。"

我觉得自己简直就像是在对她表白爱情。在瞄准外行店主"坑"他们时，总是由我在伙伴中掌握主导权。销售额恐怕不输给任何一家大公司的王牌，甚至有闲话说，我的车子驶过之处寸草不生。

"一般来说，就是这么回事。高级成衣就是有这么大的利润率。"

"那就是说，以前我一直都多付了三成么？给所有厂家都是这样？"

"不不，倒也并不是那样……"

我穷于作答。其实就是那样。借着时装热潮，许多小富豪好似雨后春笋般地开起时装店来，而我们厂家就是靠着狼餐虎噬这些外行店主才喂肥了自己。所谓"坑"，就是这个意思。

"要是我没听到这话，反倒更好呢……"

立花静不戴任何饰件的双手在膝盖上交缠一起，发出一声小小的叹息。

那一天，我从她交付给我的货款中只收取了七成，再从车上装载的商品中尽挑选些精品，批发给了她。并开具了退货发票，将没卖出去的几套衣服回收了下来。

"你这么做，不会挨骂么？"

隔着完全暗了下来的车窗，立花静说道。

"对合作多年的老主顾，我们都是这么做的。"

立花静染上夜色的娴雅的笑脸，我难以忘怀。

驱车上路后，我寻思：我干吗要做这种事呢？在这被称为雁过拔毛的服装界，道德、良心早就被忘得一干二净了，何况自己原本就不是那样的好人。

我大概是坠入情网了。

与我性情相符的理由，一条也无。

3

月底的一个夜晚,在西麻布的小酒吧里,我和小谷见了面。

"稳扎稳打,步步为营嘛。账讨回来了么?"

小谷将沉甸甸的小手包放在吧台上,肩膀凑了过来。这个处事圆滑的男人,那天晚上显得心情特别好。

"你问问我呀!那家店里,你猜猜我这个月收回来多少货款?"

"那谁知道。"

我转过脸去,不去瞧亲热地搂着我肩膀的小谷。既然特意这么说,想必那营业额相当巨大吧。

"一百八。你相不相信?等于连锁店总部的进货量哟!"

作为个人经营的时装店,这进货量大得离谱。一边品尝着杯中酒,小谷做出了刻薄的笑容。

"是不是做得有点儿过分了?那家店看上去不可能销路那么好嘛。又没什么客人。"

"不对不对。销路很好。只不过,是赊账销售。那一带公馆里的贵妇,还有高级公寓里的阔太,一买就是好几套。"

我就猜到一准是这种卖法。固然,这样卖的话,新颖的商品有多少就能卖掉多少。然而,卖得越多,店家的负担也就越沉重。单是等到有钱时再付账的顾客们欠下的赊账款，就足以压垮外行店主们的时装店。这种事，我见得多了。

"喂。"小谷那带着酒气的吐息喷上了我的耳廓。

"你再稍微加把劲呀！别就让我一个人当坏蛋嘛。单单就布洛涅一家吃人不吐骨头，面子上也不好看啊。万一闹出纠纷来，岂不变成老子明目张胆地'坑'人家了么？"

"那难道不是事实么？你以为多拉几个厂家进来就能够瞒天过海，让人家误认为罪在进货方自己么？拼命让人家进货，资金短缺了就让人家开支票。然后再把无良放债人介绍给人家，等到人家破产了，再去扣押库存。是这样么？"

小谷一瞬间露出讶异的神情，随即又放声大笑，拍了拍我的肩膀。

"你怎么啦，你？那本来不就是你的拿手好戏么？这一次由我来主导，你就那么不开心么？搏一搏，搏它一搏嘛。呃，据我推测，等到下次冬装上市，现金就该枯竭啦。靠支票交易再维持个一年，充其量也就剩下一点儿坏账，公司也就死心了。理所当然吧，这种事。"

吧台旁侧，棕榈树的年轻推销员凑过脸来。那是去年从布洛涅独立出去的后发成衣制造商。

"什么搏一搏？小谷君，让我们也分一杯羹嘛。"

小谷嗤之以鼻：

"你们这帮小子，要想打进山手线圈内来，再等个十年吧！"

"请您帮我介绍一下嘛。我不会妨碍您的。不管到什么地方，我们家的业务圈总是跟布洛涅和多米尼克碰鼻子撞脸的。人家不肯要呀。"

"那就到外地去呀，外地。仙台那边，再往下边去的话，肯定会有人喜欢棕榈树的破烂货。还能弄出个纵贯东北的销售渠道来呢。"

"您就饶了我吧，小谷君。那些人根本就不懂什么是高级成衣套装啊。"

"卖得掉的。连 an an、non·no[1] 都卖得掉嘛。"

"那些都是休闲系列呀。我们家可是职业装噢。"

小谷一口酒喷了出来：

"你听见了没有？棕榈树居然还号称是职业装呢。把我们家和多米尼克的商品挨着个开膛破肚，再来个山寨克隆，就算是职业装领域的高级成衣了么？我说啊，请人家帮忙之前，先雇个像样子的设计师吧！"

小谷表情严肃地说道。

低头致意后转身离去时，棕榈树小声扔下句硬话：

"小谷君，您相不相信女人的怨魂？"

"怨魂？那是什么玩意儿？"

"得罪了女人，积怨太深的话，是会闹出恶果来的。很吓人的哦。"

---

1 均为日本时尚杂志。

法国梧桐成排的林荫道上，五颜六色的面包车一辆接一辆地停了下来。完成了月底重劳动的推销员们一窝蜂地涌进了店里，棕榈树与他们会合，转移到小隔间去了。

小谷咂了咂舌头，喝了一大口。

"还说什么怨魂？蠢驴。"

陡然，一个不祥的念头掠过脑际。不管蓝图画得多美，一个月交货一百八十万毕竟太不正常了。

"你小子，该不会跟伽罗的老板娘搞出什么了吧？"

"就算搞了，又怎么样？这不是你的拿手好戏么？要不还像高圆寺那次一样，咱俩做一回兄弟？我可不在乎噢。"

我一言不发，离席而去。

我狂暴地驱车飞驰。返回公司之前，先在外苑的银杏街树下醒一会儿酒。

横躺在长椅上，仰望着开始变色的银杏叶丛。陡然，对于自己二十六岁这个年龄感觉到了老迈之意。不能再这样生活下去啦，我像个不良少年似的，如此想道。

绘画馆的穹顶上，浮着一轮红色的满月。

4

"伽罗"那边,我记得好像是每周去露一两次脸。

我总是在八点钟关门之际去。理由是不想遭遇小谷。起码是不愿看到小谷和立花静在一起的场面。

我时时刻刻,开车时也好,工作时也好,甚至连跟女人睡觉时,满脑子想的也都是立花静。

然而,关于她的私生活我却一无所知。是有家庭还是独身,连她有没有特定的庇护人这件事,我都无意知道。毋宁说,我害怕知道。

造访"伽罗",也从来都是只谈生意。而且高价的冬装,全部是以委托代销方式寄放在店里。

店前的花木丛中,龙爪花凋谢后,凤仙花开了。此花谢后,又栽上了仙客来。每一种都是如同梦幻的火焰般鲜红、宁静的花。

每次去拜访,都能看到布洛涅的商品不断增加。到了秋天也逼近终焉时,便几乎可说是布洛涅一家独大,货架全被银色铝制标签淹没了。

看来事态似乎就按照小谷描画的蓝图那样,进展顺利。进货时不分青红皂白,收款时雷厉风行。付款期迫在眉睫而急于拓销,对顾客的赊账销售就会增加。货架一空出来,小谷便又送来商品填补空白。

长此以往，结局一目了然。让人家开设无息活期存款账户，用支票付款。等支票取不出钱时，再把无良放债人介绍与她。

尽管洞烛其奸，我却不能出卖伙伴。在别家店里，我也在干着相同的坏事。我不但无法谴责小谷的手法，而且对别人家的买卖绝不置喙，正是业界约定俗成的金科玉律。

布洛涅的商品出类拔萃。至少在当时，能够在职业装和年轻主妇服饰领域与之抗衡的，除却我们圣多米尼克之外，就再无他人了。因此只要布洛涅的商品占据了一定程度的柜台，其他厂家就只有望风而逃了。

小谷是如何笼络立花静的，我不知道，也不想知道。

大概她很孤独吧。

冬装商战正激战犹酣的十一月中旬，我与老板一起吃了顿饭。

圣多米尼克的销售额大幅低于上一年的业绩，而究其原因，明显就在于我这个顶级推销员的业绩低迷不振。

酒劲上来后，老板便开始吹嘘起他做推销员时的光辉事迹来。他极力主张光说漂亮话是成不了大事的，可是这种话哪里用得着他现在来说！雁过拔毛的业界传统，各位前辈们早就详详细细地交代给我们了。老板在加上了"并不是叫你干那种事""不该学习他们的坏榜样"之类的前言之后所讲述的，几乎就是我的日常生活。也就是说，营销业绩下降的理由，恰恰就是因为我"不再干那种事了"。

说不定，老板是在洞悉了一切之后，本意就是叫我"干那种事"亦未可知。

老板的说教，随着酒力发作，越来越像是唠唠叨叨发牢骚了。

那一夜，老板酩酊大醉，便由我代驾。在开着保时捷驶往世田谷府上的途中，他突然提出今天要睡到女人那里去。

历经千辛万苦地向歪在副驾驶席上昏昏酣睡的老板问路，总算抵达位于初台的女人家里。

我拖着步履蹒跚的老板登上楼梯，一边在心里暗忖：要把这个醉鬼交托与她，那人倘若就是公司里议论纷纭的那位自称设计师的话，彼此该会有多么尴尬呀！

记得我们一边走，一边交谈。

"我说老板，您相不相信女人的怨魂？"

"哼……怨魂么？那玩意儿要是有的话，我这种人早就不知道被缠死过多少回啦……怎么啦你小子？可别冷不丁地问这种莫名其妙的事情呀！好恶心呀，这家伙。"

"不不不。听了老板讲的那些故事，我觉得您也吃过不少苦头呢！"

"那也得怪怨魂么？啊呀，要真是那样，那也就算啦。不得罪女人，就别想做女人们的生意哦。"

老板在房间前一屁股坐在地下。无奈，我按了门铃。门被粗暴地拉开了来。

那是个与老板毫不般配的、面容憔悴的中年家庭主妇。从杂乱无章的过道那头,传来了婴儿的哭泣声。

女人发出有损神经的尖叫,对着老板的脑袋就是一记猛揍:

"死鬼!好不容易才来一趟,你每次都是这副死样子——不好意思啦,您是公司里的?"

"是。"答了这么一句,我便哑口无言了。被那女人揪住了衣领的老板,塞给我一张一万元纸币。

"跟谁都不许说哟……啊呀,没准儿这也是怨魂作祟呢。车子,你开走。可别撞坏喽。"

孩子的啼哭声萦绕耳际,久久不去。

尽情尽兴地驾驶老板的保时捷,这样的机会只怕不会再有第二次了。我漫无目标地开着它在夜间的城市里到处乱跑。

老板的私生活究竟怎么一回事?我寻思道。公司里有一个完全置身于战斗力之外的自称设计师。还曾被周刊杂志爆料过与女明星幽会的场面。除了世田谷的府邸,在初台还有个醉酒时偶尔归去的家。任怎么说是业界的风云人物,毕竟自立门户另起炉灶只有短短五年,就算是放荡,也太肆意无度了。

老板说了,没准儿这也是怨魂作祟。那表情好像因恐怖而扭曲。假如受骗上当的女人满腹怨恨化作怨魂的诅咒,毁灭掉男人一生的话，那远比死去的冤鬼更为可怖。

挡风玻璃上，遭到遗弃的女人们的脸飘来荡去。

然后，也不知道我是怎么开的，待回过神来时，车子已经爬上了落满了银杏树叶的石头坡道。

我记得时间已是深夜。在黄色落叶铺就的毛毯正中央，仙客来绽放着，好似红色的小小纸罩烛灯排列成行。

我把车停在了坡道半腰上。因为店前停放着一辆面包车。藏青色底子上画着白色徽标，是布洛涅的车子。店家招牌虽已熄灭，但从卷帘门底处却有灯光泄漏出来。

我不知所措，冻僵在车子里。什么也不思考，只是一根又一根地抽着烟。就这样过了许久许久。

小谷出来了，上衣披在肩头。仿佛紧追不舍似的，立花静走进了灯光里。头发披散开来的模样，我还是头一回见到。宽松大圆翻领的毛衣配灯芯绒长裤。对这身出乎意料的装束，我感到了暗暗的嫉妒。

隔着车窗，二人在吻别。

立花静伫立店前，直到尾灯消失在坡顶。比起接吻场面，这背影更令我心酸。

我缓缓地启动汽车，开到了她身后。

烟灰色玻璃外，立花静一刹那面色苍白。不，大概是人体模型的颜色染白了她的脸庞吧。

我打开车窗，她长舒了一口气。

"好漂亮的车。是你的？"

"不，是我们总经理的车。"

"嗯哼。"立花静走近护栏，仔细端详着车子。

"你都看到了？"

蹲在车窗前，她风情万种地笑道。

宛如换了一个人似的穿戴与神态，让我感觉被狠狠地出卖了。披散的头发上，飘拂着小谷的古龙水气味。

"那家伙，你还是别太相信他为好哦。老板娘，你最近开始开支票了吧？不行哟，这么做。"

立花静仿佛在数落叶一般，仰首向天，看了半晌。

"小谷君也叫我不要相信你呢。说你不是个好人。是这样么？"

很合年长女人身份，立花静笔直地注视着我，牵动嘴角，笑了。

小谷大概是见我行事不同于平素，于是心生戒备，预先进行了部署吧。只不过，此前也好，此后也罢，对于伙伴的生意贸然置喙，我只做过这一次。就连这一次，如若不是偶然目睹了令人生厌的场面，我也绝不会说出口来。

从坡顶吹来了秋风。

"会感冒的。不进来坐么？"

我不想走进残留着小谷气味的店里去。立花静绕过车前，卷携着落叶，坐到了副驾驶席上。然而正当我要启动引擎，她却把左手温柔地放在了紧握着换挡杆的我的手上：

"就在这里说话吧。我……不太喜欢这辆车。"

我关掉了喧噪的引擎。把小谷打算对她做的事情尽可能诚实地告诉了她。其间,我们始终紧盯着似乎马上就要浮现出"FIN"[1]字样的黄色坡道。那是只有美丽,再无任何意义的风景。

她没有表现出惊愕。不可能不惊愕,然而她是一个不将感情表露在脸上的女人。不过,她一面眺望着展现在挡风玻璃上的无意义的风景,一面交替聚拢穿着灯芯绒长裤的双腿,指尖抚弄着宽松大圆翻领毛衣的领子。

"你打算怎么办,接下去?"

"不怎么办。"立花静小声咕哝道。然后说出了一件出乎我意料的事。

"我吧,以前也有过一次跟这一模一样的经历。离婚的丈夫留给我的房子被人家骗走了。我脑子笨,不知道接受教训,也不知道其他的活法。"

"你不害怕么?"

"已经没有东西让人家骗了。"

"说不定还有更可怕的事呢。"

"没关系的。想,也没有用。"

她把座椅稍稍放倒,别过脸去。

---

[1] 法文,"剧终"的意思。

"你好像不是坏人。"

"我在别的地方也在干同样的坏事。跟小谷一样。"

"为什么对我不这么做呢？"

为什么呢？我陷入了沉思。

"因为我是个老太婆么？"

"不，是因为老板娘太美了。"

她的手一直放在我的手上。始终是冷冰冰的手。

我冒出一个可怕的念头。说不定——这个人已经死了呢？"伽罗"会不会是个虚幻的存在呢？

然而，她握着我的手，说了一句更加可怕的话：

"女人的怨恨是很可怕的哦。我那离婚的丈夫，死得就很悲惨。"

卸去指尖的力道，立花静似乎是要安慰心生怯意的我，拍了拍我的手背。

"你不要紧的。谢谢你关心我。"

她起身下车。仿佛落叶一般轻盈地跨过护栏，突然又敲了敲车窗。

被风扬起的头发直刺我的眼睛：

"请尽快把商品搬走吧。还有——问你老板好。"

那是人体模型般的笑脸。

我像逃命般地开车就跑，一面看了一眼车内后视镜。她的身影消失不见了。淹没在银杏枯叶下的坡道半腰上，宛如即将熄灭的余烬一般，只有红色的花朵被遗忘在那里。

我不相信怨魂的存在。

如果思考这种事情的话，只怕世间差不多的男人都得变成傻子不可。然而只有一次，我相信了。

圣诞节夜里，小谷死了。

因为要紧急交货，在驱车赶往横滨的路上，面包车打滑，猛撞在路肩上。据说车辆连同满载的晚礼服都烧得一干二净，连车牌都辨认不出来了。是一场导致了三车道的第三京滨高速公路彻夜禁止通行的大事故。

传言说得有鼻子有眼，说是唯独铝制的布洛涅标签没有烧毁，死者身份方才得以确认。可谁都不曾亲眼目睹，而且我觉得那传闻说得也太过巧合。

第二天晚上，西麻布的小酒吧里都在谈论这则流言。"我们家也改用银色铝制标签得啦！"有人说了这么句让人笑不起来的笑话。

然而，无人谈及死者的恶行。岁末商战，让我们人人都疲惫不堪。小谷的灾难绝不会算作偶发事件就此一笔抹去，这一点谁都心照不宣。

那是个因为时尚大潮而蜩螗沸羹的时代。每天不知道在什么地方都会有新厂家粉墨登场，时装店隆重开业。并且有相同数目的厂家訇然倒闭，时装店关门大吉。

一个推销员之死，一夜过后便被彻底遗忘了。布洛涅的藏青色面包车仿佛什么事都不曾发生过，第二天照旧在城里风驰电掣。

我也很快就把小谷忘掉了。

因为年代久远，那个新年是在何处度过的，我已然记忆全无了。

新年伊始首次出勤，因为没系领带被老板痛骂了一顿。穿着一身毫不相配的宽袖和服的自称设计师，成了众人的笑柄。

堆满了新春首日发货商品的地下质检所，宛如花圃般热闹艳美。

我们一面核对订货单，一面往各自的面包车上装载浅色调套装。站在堆积如山的、装满了用作拜年礼品的毛巾的纸板箱前，管理科长高声叫道：

"明白了吗？不要只把毛巾留下，就上车走人噢！祝大家旗开得胜、马到成功！"

无休无止的季节又开幕了。擦得锃亮的浅蓝色面包车，每辆都满载商品，压得车身都沉下去一截，一辆接一辆地驶上了斜坡。

天下着雨夹雪，是个寒冷的日子。慢吞吞地驶在拥堵的青山大街上，我犹豫不决，不知道到底该不该去"伽罗"。商品早已撤回，赊销款也已结清。是否前去拜年，全由我一己之见决定。

然而我还是首先驱车驶向"伽罗"。我根本没有重启交易的意思，但我一心想见见立花静。

在凄凉萧瑟的坡道下，我再度犹豫了。因为我觉得那种店肆似乎并不存在于此世，一切只怕都是噩梦。

开着低速挡，爬上了石头坡道。

一辆银灰色面包车，后门大开，停在那里。套着塑料套的套装满溢了出来。精心打扮过的棕榈树的年轻推销员发现了我，微微哈腰，垂首致意。

撑着红伞，立花静从店里走出来。我车窗也未打开，缓缓地从店前驶过。

今后"伽罗"将会变成什么样子？我心里暗道。固然，管它变成什么样子，都不关我事。

立花静将油黑乌亮的头发在脑后盘作高雅的发髻，身穿胸前饰有大大的褶裥的真丝缎面连衣裙。到底是哪家推销员挑选的？这袭连衣裙对她来说，般配到不可思议的地步。项链也好，耳环也好，还是不戴更佳。

红伞下，她默默地目送着我。我也微微颔首，就此穿过"伽罗"店前，绝尘而去。

新春首发商品，该去送货的店家要多少有多少。

在坡顶上，我停下车，看了看车内后视镜。货厢里堆满了浅色调的套装。

烟雨朦胧的后视镜中，亮起一点红色，大概是仙客来吧。还是目送着我离去的她的红伞呢？

关于"伽罗"的流言，后来我再也没听人说起过。

盂兰盆会[1]

---

[1] 盂兰盆会是日本祭祀祖先亡灵的传统节日。新盂兰盆会是人死后的第一个盂兰盆节。

千惠子无家可归了。

倘若是身处不幸的时代，自然不得而知，然而在当今之世，只怕当属十分罕见的境遇吧，因此她从来不曾对人提起过。而这已经变成了自己寡默、节制的个人形象，对此她也一清二楚。

其实倘若考虑前因后果，则倒也并无任何不可思议之处。

在她还不懂事时，父母就离婚了。亲权尚未决定期间，她被暂且交与祖父祖母收养。然而调停未果，父母就又已再婚，大概是因为两人的新伴侣都无比投缘吧，双方都毫无眷恋地放弃了亲权。于是在户籍上，她的双亲就变成了祖父母。

生活上倒也并无不便，也从未感到过不幸。祖父母都还年轻，而最关键的，还在于他们都是老江户作派的雅人，容貌年轻得说是亲生父母，谁也不会觉得奇怪。

母亲从此音信杳然，不知所终了。祖父母不会毫不知情，但大概是因为已经断绝了关系，便没有告诉千惠子。

父亲其人，在祖母的葬仪上倒是见过一面。他是带着风姿绰约的后妻和两个孩子赶来的，在守灵仪式上便与祖父发生了争执，结果第二天出殡时就没有再露面。当时父亲仅仅是客套似的说了一句"长大了嘛"，千惠子也只是客气地回报以微笑。考虑到十数年空白的沉重，父亲笨拙的寒暄也罢，祖父不苟言笑的生硬态度也罢，似乎情非得已的后妻与弟妹们的模样也罢，也都情有可原了。

念高中时祖母谢世，大学三年级时祖父作古。

祖父的葬礼几乎是由租住多年的旧式平房的房东和邻居们代为操办的。千惠子作为唯一的亲人，只消静静地端坐在棺木旁便可。

多么简单啊！这便是葬礼的实感。理由在于安排得当和众人的善意，这一点，千惠子很快就知道了。

如何拆除东神田高楼大厦的峡谷间简直有如奇迹般地残存下来的平房，是房东悬而未决的课题。处于地价高腾的鼎盛期，房东开示了房客们求之不得的退租条件，然而祖父这个最老的房客却不同意。须知这里可是每坪价值几千万日元的市中心，年轻的房东夫妇从找帮手开始直到安排葬礼程序，全力以赴，尽心尽力，原也是理所当然。

安置遗骨归来后，不知道是否事先已经商量妥当，送殡的众邻居一哄而散，只剩下了她和年轻的房东夫妇三人，千惠子吃了有生以来第一顿法国大餐。

与甜点一道，房东将公寓楼设计图摊在了桌子上。"你听我说哦，千惠。"措辞虽然像多年老熟人一样亲切，但话却很露骨，"要么选择住进七楼的单间,要么拿着一百万搬迁费走路。"

公寓楼的房租理所当然地,与平房完全不在同一档次。虽说无须付礼金也无须付押金,但其租金和拿着一百万走路是一回事。

她猜想这退租条件大概跟其他房客不同。可尽管心里明白房东是乘人之危,千惠子却无力与之抗争。

就这样,千惠子变得无家可归了。

新干线车厢里冷气开得太足,再加上丈夫吐出的烟缕扑面而来。

最近吸烟量有所增加,然而千惠子却鼓不起勇气规劝他。本来她就觉得丈夫精神压力太大,这么做理所当然。

当富士山从车窗上消失时,她第一次开口说话了:

"到了那边,要跟爸爸和哥哥他们协商么?"

"不。"丈夫应了一声,连脑袋都没从周刊杂志上抬起来。

"你倒是听我说话呀。要是法事做完后,他们说:'来,咱们开个家庭会议!'你不是不便开口么?"

"他们不会那么做的。"

丈夫掐灭了香烟,急忙又拿出一根来续上。她心想,这个胆小如鼠的男人,竟然能当上外科医生!不过手倒是十分灵巧。

"爸爸妈妈,他们都知道了吧。"

"我哥可不知道噢。"

"这怎么可能呢!生活在同一个屋檐下嘛。"

不能责怪丈夫，她想。事到如今已然不可能再恢复到原先那种四平八稳的生活了，指责其非，反而会促使他背离自己，这样的态度难称贤明。

然而，关键时刻总是胆怯，不敢发声，于是才导致了这样的结果。

"爸爸肯定会跟我说点儿什么。"

"谁知道。不过，我看他肯定不会说莫名其妙的话。"

"那当然啦。我又没做错任何事情。"

看着周刊杂志的丈夫两眼一片茫然。他取下眼镜，抬眼望着头等车厢柔和的照明，仿佛叹息一般吐出一缕烟来。

"你不该带我来的。要是把小野带来就好了。那样的话，就皆大欢喜了。"

"预产期快到了。恐怕现在不能让她多走动吧。"

由于愤怒和窝囊，千惠子紧咬老牙。

"哟嗬，你还真打算带她来呀！"

"哎——啊，不是不是。都怪你胡说八道。"

"我这哪里是胡说八道了？说不定明年盂兰盆，就是小野抱着孩子回老家来了呢。"

丈夫偷眼瞟了一下千惠子。自打事情败露后，一年来这个鬼鬼祟祟的动作已经做得炉火纯青了。简直就像一个企图掩饰尽人皆知的谎言的孩子，千惠子心想。

"你怎么办？"

"该怎么办呢？"

小野香织这个女人——一想到这几个字便愤愤不平——就是丈夫的情妇，丈夫供职的大学医院里的一个护士。当然，现在只怕已经退职了吧。

那张脸只在照片上看到过。不过就是年轻而已，绝对算不上美人。扣除自己已然年届三十这个因素，也难以想象竟会输与她。

是生性懦弱的外科医生着了轻浮女人的道。尽管千惠子始终这么认为，可丈夫虽然声称与女人分手，但其实并未分手，甚至连孩子都弄出来了，如此看来，责任的所在便不言自明了。

"啊，太太，我叫小野香织。您是知道的吧，我的名字。我怀上大夫的孩子啦，打算生下来呢。"

电话里的声音重新苏醒过来。千惠子仿佛强忍痛楚般地紧闭起眼睑。自那以后片刻也无法忘怀的诅咒之声。与小野香织的接触，前前后后仅此一回，根本就不知道她是何许人也。而正因为不知道，想象便愈发膨胀了起来。

"新盂兰盆，千惠子你还是头一回吧？"

丈夫顾左右而言他：

"我先给你打个预防针。我们家的新盂兰盆就跟葬礼一样，非常隆重。你心里要有个数。"

"那就是说，没有时间讨论乱七八糟的事情喽？"

"啊呀，那倒也是。要请了和尚来，所有的人一起诵经，全村人都要来送香奠。你肯定会大吃一惊。"

"我早就不会为了鸡毛蒜皮而大吃一惊啦。"

丈夫拼命想把话题拉回去：

"你可是爷爷的大红人哦。还记得么？婚礼的时候，他过来看你换衣服还说呢，啊哈，到底是念过大学的媳妇，不一样啊！后来也成天这么说，弄得几位嫂嫂们还闹过别扭呢。"

丈夫的祖父倘使还活着，对于眼下的这个局面又将作何感想？这几年卧床不起，只怕什么事情都不会告诉他吧。

自己究竟是否是祖父的红人不得而知，但是对于无依无靠的孙媳妇多方惦挂，倒也是事实。而这桩门不当户不对的婚姻得以成就，恐怕也是这位伟大的家长的意志起了作用。富有的农户，当地的慈善家，连任六期市议会议员，是个了不起的人物。

婚宴上，祖父孤零零独自一人坐在满是年轻朋友的新娘家眷座席上压阵，为新娘撑着场面。

"什么话！我一个人就抵得上十个人的派头噢！"说着，他笑了，本当献给新娘亲属的花束，也由他代为收下了。如果说千惠子还有什么可取之处的话，就只有国立大学药学系毕业这一点了，所以祖父才特地对此大加宣扬。

"这么说来，你原来就是跟爷爷亲的孩子嘛。"

成功地把话题拉了回来，丈夫一边吞云吐雾一边笑了。千惠子将脸孔从他那鬼鬼祟祟的视线中转移开去，凝望着在夏阳的灼烧下向后退去的风景。

我爷爷的事情，你又知道什么呀——

丈夫声称非常隆重的新盂兰盆风习，倘以东京的常识去看的话，果然是无法想象的物事。

丈夫老家的府邸位于辽阔的茶场之中，连遮蔽视线的树丛都没有，平缓的起伏一望无际。这是一片丰饶的台地。

沿着环绕府邸的篱笆，延绵不断地排放着与葬礼相同的花圈。看到这情景，千惠子不禁目瞪口呆。这就是此地的新盂兰盆风习。

县道上停满了汽车，大门口也好，院子里也好，到处挤满了人。跟半年前举行葬礼时几乎没有区别。

刚下出租车，便看见停在院门前的面包车上钻出来身裹丧服的一大家子。

"是名古屋嫂嫂娘家的人。打个招呼！"

丈夫一边擦着汗，一边低声耳语道。

"名古屋嫂嫂？"

"对啊。小哥哥的媳妇。"

"什么？连嫂嫂娘家的人都全家出动么？"

同是做媳妇的，自己的处境也与之相同。对着困惑不已的千惠子，丈夫不无恶意地说道：

"咱们就算想带来，无人可带也没办法啊。"

"在东京，我们是不这么做的。再怎么说是新盂兰盆，可连媳妇娘家的人都得来，真叫人难以置信。"

丈夫诧异地瞪着千惠子：

"这种话，你可千万不要说出口来哦。这不是东京如何如何的问题。你是青木家的一分子，得想出个托词来哦。"

面对府邸中的喧噪，千惠子不禁胆怯了起来。到底该找个什么托词为好呢？实在对不起，我家里没有亲人……这种话，必须得跟举家前来的丈夫的亲戚们一一相告才成么？

"在东京吧，头七的法事是跟葬礼一块儿办的。断七，一般也只有近亲来做，新盂兰盆什么的就单由家里人做了。"

千惠子不知不觉地在门口停住了脚，丈夫粗暴地将她一把拉了过去。

"别再说啦。我都告诉你了，这不是东京如何如何的问题。你是这个家里的媳妇。反正你的情况在婚礼的时候就全都曝光啦。"

花圈绕着前院摆放了一圈，一直排到了洞然敞开的廊檐下。紧连着廊檐的日式客厅里，隔扇悉数卸下了，夕阳照射不到的里间果然设了个祭坛，跟葬礼时几乎相同。堂皇的祭坛淹没在花哨无比的金银装饰与花篮之中，只是没有棺木而已。丈夫祖父的照片以及许许多多感谢状和奖章之类，也同葬礼时一样，摆设在那里。

走进客厅的人们身穿丧服，四下里在彼此寒暄。

"阿哥，我们刚到。来晚了，对不起。"

丈夫冷不丁用悠长的方言呼唤大伯子道。大伯子正在里面忙着与人寒暄，嫂子便代他走到廊檐边来：

"哎哟，是阿邦呀。还有千惠子，你们辛苦啦。到得好晚嘛，刚才还在说你们呢。和尚马上就要来啦。孩他爹，是阿邦来啦。"

大伯子在里间扬了扬手：

"原来是邦男呀。这么晚没到，还以为你们赶不上了呢。四点钟开始，赶紧换衣服去！"

"好久不见！"千惠子寒暄道。也不知道听到没听到，大伯子又在围坐一圈的众人之中坐了下去。千惠子觉得人人似乎都在用余光瞪着自己。

尤其是嫂子的视线，好像有意避开千惠子。

"你们就用仓房二楼。今晚能在这里一宿吧？"

"有这个打算，不知行不行？不行的话，我们也可以住到滨松的酒店里去。"

"当然行喽。就数阿邦你们最远啦。其他人都是当天来回，等到送灵火的时候再过来一趟。"

"送灵火，我就来不了啦，不要紧吧？医院里人手不够。"

"那倒也是啊。那，千惠子能来的喽？"

好像理当如此似的，嫂子说道。

盂兰盆，先要焚烧迎灵火，把祖灵接回家来，然后再用送灵火把祖灵送回冥土。虽然并非不明所以，但是在东京，这个风习早就消亡了。

"怎么回事？"

千惠子抬头看着丈夫。恐怕整个盂兰盆会期间，这种狂欢将持续始终吧。而至少在迎灵火与送灵火时，看来满门老小必须全体聚齐，一起操办才行。

丈夫瞥了一眼千惠子似乎不满的表情，替她遮掩道：

"啊呀不好。我倒没考虑到这一点。你不也是工作上不方便么？"

丈夫不让嫂子看见，一只眼睛眨了眨。

"倒也不是腾不出时间来。新干线当天来回也成啊。"

千惠子抵御着丈夫的卑屈。

"既然这样，那就千惠子一个人再回来一趟吧，老太爷从前是那么喜欢你呢。尽管你可能很忙。"

"我尽可能赶来。"

"尽可能？只要情况允许，你可一定要来的哦。其他亲戚还把孩子都一起带来呢。"

嫂子语中带刺。

仓房二楼被改造成了回乡亲友专用的客房。虽然霉味令人哑口无言，但冷气却开得很足。丈夫一面换上丧服，一面焦躁不安地唠叨：

"你就说工作忙，腾不出来时间不就得了吗？你不是找不到能够替你顶岗的药剂师么？今天回来，你还说好不容易才调整好了排班表呢。你当真能来得了么?"

"再想想办法嘛,既然这里的老爷子从前那么喜欢我。况且我又没孩子。"

镜子里,丈夫系领带的手停了下来。千惠子话里并无恶意,可最近彼此脱口而出的词语似乎都有魔性一般。

"我先过去了哦。你自己一个人穿得来么,和服?"

"没问题。"将扣绳衔在口中,千惠子生硬地答道。丈夫将楼梯踩得嘎吱作响,下楼去了。

仓房里没有玻璃窗。赤裸的灯泡反光在镜子里,画不成眉毛。虽然有个用灰泥涂抹而成的通风小窗,但一看就是上百年都没有打开过的玩意儿。

然而出乎意料,站在脚凳上解开窗锁,那扇小窗非常容易地便开开了。即将沉入地平线的夕阳涌入窗里来。

举袂遮住额头,举目远眺垄成行伸向远方的茶园风景。多么肥沃的大地啊!千惠子心想。

六年前第一次来到恋人的故乡时,曾经感觉到有些意外,可如今想来,恰恰就是这片土地养育出了不通世故的丈夫。没有一丝阴影,一味地整齐划一、无涯无际的大地。丰饶,正因为如此反而却显得有点儿乏味的、宛似绘画般的风景。

从脚边的柿树下,传来了窃窃私语声。叶丛间,露出了丈夫和公公的脑袋。

"你问我咋办？你小子早就不是该由爹娘出面说三道四的年纪呢。孩子马上就要生下来了，还能有什么办法？这件事，当然对不住千惠子，可她嫁过来做媳妇却生不出孩子的话，那这个家就不是个家呢。根本就没什么好犯难的嘛！只要把该拿出来的东西全部拿给她看，她就会明白的哦。"

"可是爹，我跟您说了这只是俺们这地方的常识。可在人家东京，夫妻俩有意不生孩子，也是稀疏平常的事呢。"

"这种事情咋能是稀松平常的事呢？你想想看哦，你小子有朝一日也是要自己开业行医的，要是没个儿子来子承父业，那可咋办为好，啊？"

"反正我是说不出口的。什么因为你生不出孩子，所以要跟你离婚什么的，这在东京，根本就算不上理由哦。"

"所以当初我好说歹说，叫你别讨东京女人做老婆来着！别的咱不说，你小子不是因为喜欢她，才娶了她的么？咋六年都没养出孩子来呢？"

"您这说的都是哪儿的话呀！俺们不是养不出来，是不想养呗。她说呢，在把奖学金全部还清之前，要继续工作，不养孩子。"

"哼，什么玩意儿！什么东京的女子大学毕业生，就是滑头鬼一个！早就把身子折腾得连孩子都养不出来呢！"

"可没那么回事，爹。她从没跟男人那个过呢。我跟您保证，这事是不会错的。"

"反正你们俩可不能闹到法庭上去,多没面子!只要她答应了,咱们不妨给她一些钱。"

"我可开不了这个口。求求你啦,爹。我可是搞不定千惠子的。"

丈夫和公公边说着,边朝正房走去了。

千惠子悄悄关上窗户,从脚凳上走下来。丈夫什么时候会提出来分手呢?只要我这边不先提起此话,只怕他是不敢张口的吧。

将梳妆台调了个位置,千惠子提心吊胆地画好了眉毛。心下犹豫该不该涂口红,不过全无一点儿红色的自己的脸,未免太过寂寞。

"得振作起来哟!"

镜子里,孩提时代以来的口头禅脱口而出。

迄今为止好歹也算是顺顺当当,想必这次也不至于太糟糕吧,她心想。连求婚词最终都未能说出口来的男人,要他开口提出分手,只怕他做不到吧。

僧侣名副其实,一身大袈裟[1]打扮,翩翩驾临了。

茶色纱罗衣衫上,蒙了一件黄色袈裟,头戴同样是黄色的大帽子。五六个年轻弟子,人人手上不是钲便是铃,捧着些奇奇怪怪的祭器。

卸去隔扇之后,四间日式客厅连成了一体,里面满满当当地挤簇着身裹丧服的人们。白日里尽管酷热难耐,但待到暮色降临后,凉爽

---

[1] 大袈裟一词,在日语中意为"夸张,作态"。

的晚风习习吹来，便转而变成了惬意的夏夜。

漫长的诵经和喧噪的钲鼓合奏结束后，便将印着经文的小册子发给了众人，全员集体念经。这在东京，也是无从想象的习俗。

待僧侣退到了另外的房间里去后，公公便站到了祭坛前：

"列位辛苦呢！现在时间正合适，接下去咱们就去烧迎灵火。趁此期间，会在这里准备些便餐，请列位慢慢享用。"

众人打着哈哈，相互道乏，络绎不绝地走进夜间的庭院里。并无人发号施令，便见有人开始在大门通往正房门口的长长过道上做起迎灵火的准备来。

先是在面对着县道的大门前焚起篝火，继之每隔两三步便放上一小堆松木屑。在宽广的庭院前画出一条徐缓的弧线，祖灵来往的通道便造好了。

千惠子也照葫芦画瓢，像搭积木一般，在地面上堆起白木小堆来。

"要点火啦！行了吗？"

大门前，公公一声吆喝，立即，前头便将火苗送了过来。富含油脂的木屑沾火便着，夜晚的黑暗中一丛一丛地，燃起了小小的火焰。

"爷爷就是以这个为路标，从某个地方赶到这里来的。"

一面说着，丈夫弯腰蹲在地上，去吹火。

"从某个地方？到底是从什么地方来呀？"

"那谁知道。"

接过丈夫递过来的火，放在脚下的小堆木屑上。吹一口气，火焰便蹿了起来。

厨房里,身穿丧服的女人们在忙活着。

"我也得去帮忙呀!"

"没关系的!"丈夫扯住正欲起身的千惠子衣袖:

"别看人多,其实没有葬礼时那么忙。大家都还得赶好几场新盂兰盆呢,喝一杯酒清心净身后,马上就要回去的。"

果不其然,参与迎灵火的众人只在客堂里喝了一杯酒,便打道回府了。于是又有新客们接踵而至,在亮着迎灵火的通道上姗姗而来。

看来,与众亲戚一起念经焚烧迎灵火的,只是左邻右舍中极其亲近的一部分人,而其他盂兰盆客则是在此后见到了灵火,聚拢而来的。

而他们也同样,从廊檐迈进客厅里,献上一炷香,再喝一杯酒清心净身,随即便匆匆离去了。

"今年光这附近,就有五户人家做新盂兰盆呢。挨着个转上一圈,就得闹到半夜三更了。"

大嫂一面往火焰上添补木屑,一面说道。

"真的不用我去帮忙么?"

"你就算了吧。厨房里那群女人乱嚼舌头,只叫人倒胃口。真是没法子提呀!阿邦你也是!"

大嫂冲着孩子般抱膝呆望着火焰的丈夫,丢下一句呛人的话,走进厨房里去了。

"成心恶心人哪,嫂嫂她。"

"好像你家里人全都知道了呢。"

丈夫没有回答。

盂兰盆客接踵而来,没完没了,令人不禁心生疑念:连房屋都稀稀拉拉为数不多的这个村子,如此之多的人究竟都住在什么地方?

县道的路边上,汽车一辆接一辆地停靠下来。屋后茶园的田埂上,手电筒的灯光如同萤火飘来舞去。

丈夫坐进客厅里去了。无处可去的千惠子孤单一人,默默地给迎灵火不断添柴。

凝视着小堆火焰,她在心里想道:自己干吗要做这种事情?独自一人生活,就意味着自由自在、随心所欲地打发日子,此前并不曾感受到旁人以为的那种不幸,可是为何事到如今竟然非得体味地狱般四面碰壁的心情,仿佛身陷蛛网的虫豸一般,日复一日苦苦挣扎,惴惴不安于周围的视线与私语,参与这种陌生的习俗不可呢?

正注目间,忽见火焰上有人影倒映下来,千惠子抬起了眼睛,便见公公与大伯子两个一模一样的五短身材,并肩立在眼前。两人直勾勾地俯视着千惠子,似乎在等待着伙伴率先开口说话。

体形虽与瘦长条的丈夫迥然不同,但优柔寡断之处却如出一辙,千惠子心下忖道。

踌躇许久之后,公公脱口而出,说了一句冷若冰霜的话:

"千惠子，你家里连一个亲戚都没有来嘛！"

怯懦的微笑与丈夫甚为相似。并非意在恶心人，而是拐弯抹角得离谱，指责说你不适合做我们家的媳妇，你原本就没有那个资格。

做出同样的笑容，大伯子说道：

"喏，千惠子啊，也许你是个读过大学的人，不情愿当个平凡的家庭主妇。不过你也想一想呀，一般来说工作和家庭之间，你总得选一个，对不？你们俩是双职工，连孩子都没法好好生一个的话，就不能只责怪邦男一个人呢，你说是不是？"

公公是阴险，而大伯子就是卑鄙了，千惠子心道。当初第一个举手赞成这桩婚姻的，就是这位大伯子了，还说什么将来丈夫开业行医时，老婆就是药剂师，简直就是天作之合。

"所以嘛，什么事都好商量的。"

对这种不顾场合的粗鲁言语，千惠子不由自主地站起身来，厉声说道：

"跟药剂师相比，护士更加是天作之合喽？"

"啊！"公公与大伯子异口同声地发出一声惊呼，面面相觑。与丈夫一样，他们都是不习惯与人口角的家伙。总而言之，由两人惊愕的表情来看，他们似乎已经一切都了然于胸了。

"我是打算把奖学金还清了以后，好好做个家庭主妇的。我并不想在这件事情上给邦男带来麻烦。"

"可是实际上，你却是那么做的呀！是你让邦男左右为难。"

大伯子说着，嗤笑不已。

"我从来没有让邦男左右为难过。到底他什么地方左右为难了？请你们去问问他自己好了。"

"正是因为他自己不善言辞，所以家里人才这样焦虑不安的嘛。你身为大学毕业的学士，居然连这一点都搞不懂吗？"

"这是我们夫妻之间的事，我们两人自己会商量的。"

大概是千惠子的话触怒了他，公公抹去笑容，恫吓似的板起了面孔：

"可邦男说他每天都如坐针毡哪。作为家里人，我们当然不能撒手不管吧？要是你觉得不该由父兄出头露面，横插一腿，那你也把你家里人带过来好呢。凭你们俩自己，是商量不出个名堂来的。"

说着，公公怒容难掩。

"爹，话不能这么说的。千惠子她就算想把家里人带来，也没人好带呀。"

大伯子劝解公公道。千惠子突然意识到：他们说不定早已周到地预备好了台词。大伯子拉住公公的衣袖，虚情假意地说道：

"这都是父母之心啊，你就别介意呢。啊呀，说到这个父母之心呢，只怕你也不大能理解。就是说呢，因为现在没办法由两边的家里人出面，来对等地进行协商，所以就有点儿一边独大的感觉，对不起你呢。借这个机会，就由我们来作个安排，包管让千惠子你能称心如意。你看怎么样，千惠子？我们是不会坑你的，你就听听我们的意见好了。"

　　总之，就是这么一回事。

　　千惠子一腔怒火无处发泄，气得浑身发抖：

　　"我明白啦。"

　　她的意思只是说同意协商，可公公与大伯子大概是误会成了她同意离婚，两人一同长长地舒了一口气。

　　千惠子想象着自己被他们全家人团团围住商谈的情景。自己单枪匹马，只怕连伸张正义都做不到吧。千惠子觉得分明自己没有任何不是，却受到如此对待，未免太不近情理。哪怕是远亲也行哪，假使能有一个人为自己代言、伸张正义的话，即便结果相同，自己将是何等地胆壮气盛哦。

　　风停了，迎灵火的烟霭盘旋在院落前边。装作是被烟熏了眼，千惠子用手绢捂住眼睑。倘被他们看到了哭脸，就算输与他们了。她咬紧槽牙强忍住呻吟，浑身瘫软，在迎灵火边蹲了下去。

　　"小惠子！"

　　突然有人呼唤自己的名字。大门口的篝火中，立着一个小小的人影。

　　"小惠子！"

　　"哎！"千惠子不觉地答道。这是自己的乳名。那人影仿佛从昏暗的画框中走出来似的，钻出门框，迈过迎灵火的五彩烟霭，走近前来。

"小惠子！"

这下她没有回答,而是环顾四周。不可能有人呼喊自己。

"咦!是千惠子家里的亲眷么?"

公公问道,似乎觉得奇怪。大伯子用手扇开烟霭,凝目注视着那人影。

"不——"才说半句,千惠子便觉得嘴唇冻僵了:

"爷爷……"

祖父来了。和盂兰盆客们一样,祖父整整齐齐地穿了一身黑色西装,赶来了。

"爷爷?千惠子,是你的爷爷么?"

与其说是惊愕,毋宁说是朴素的喜悦涌上心头,千惠子一边拭泪,一边连连点头:

"嗯,是我祖父。我爷爷来了。"

"哦,这……这……这,啊呀呀……"

公公与大伯子向后退去,让出路来。

身材小巧的祖父与此前一样昂首挺胸,走过始自大门的通道。连双腿向两旁甩开去的走路方式,都丝毫未变。

来到公公和大伯子跟前,殷勤地低下雪白的小平头。有点儿像黑帮人士行帮礼似的,腰部微微下沉。小学开家长会时,祖父对老师也曾经像这样鞠过躬,让千惠子觉得羞愧不已。

"啊呀,这下搞晚啦,对不住!头一回登门拜访!我是千惠子的祖父。"

公公和大伯子语无伦次地回了礼。

"不好意思！我因为有点儿小缘故，没有跟千惠子住在一起。请原谅我这么长时间一直没露面。"

公公好容易才答出话来：

"谢谢您特意赶来。您说哪儿的话！千惠子也没跟我们透露一声。啊呀，是这么回事呀？千惠子原来是有爷爷的嘛！您要是从车站打个电话来多好！可以派个人去接你的。"

"不必不必。"身材小巧的祖父昂首挺胸，摇了摇关节粗大的匠人的手掌：

"我什么也没给孙女做过，哪里好意思再麻烦府上呢。"

"不过，您倒还真找着地方了呢！"

"这迎灵火点得这么烈焰熊熊的，别管是谁也不会认错路呀。不过呢——您这府第好气派啊！我听到了些风言风语，千惠子是鸿运高照嘛！"

照旧是一口江户腔，祖父说道。冷然抬头瞪了二人一眼。完全是一副听闻了孙女的不幸，闯上门来兴师问罪的模样。

千惠子目不转睛地盯着迎灵火辉映下的祖父的身影。

哪怕是做梦也成。不，肯定就是白日梦一场。

"爷爷！"

祖父微笑着回过头来。贫困，嗜酒，大字认不全几个，然而疾恶如仇的祖父那张笑脸，依然帅气无比。

"干吗哭哭啼啼的？爷爷来了，就没事啦！别哭了。"

祖父故意大声说道。

原本大概打算今晚一招制敌，逼迫千惠子就范的公公和大伯子，因为出现了未曾预料的强敌而畏怯。祖父笑颜陡变，再度冷然瞪了二人一眼：

"你们好像很是疼爱我孙女嘛！"

"呃呃……这个，她爷爷啊，先上一炷香吧。"

"好啊。既然承蒙你们大老远地叫我来做新盂兰盆，费神的事暂且往后放它一放，先去上一炷香再说吧。"

祖父跨过迎灵火，朝着廊檐走去。

公公便拭去汗水，说道：

"千惠子，既然是这样，你为什么不告诉我们呢？"

"咦，难道有什么不方便么？刚才你们明明还叫我把家里人带过来呢。"

"可是——我们从来没听你说过你还有个爷爷嘛。"

"莫非我祖父来了，情况就不一样了么？"

"那倒也不是。"

客厅里的喧嚣瞬息便安静了下来。大伯子宣布祖父驾到，宴席上，丈夫闻声即起。隔得很远，就能看出拨开众人来到廊檐的丈夫脸色苍白。

"啊呀，阿邦呀！"

祖父声如洪钟，大声呼喊呆立在廊檐的丈夫名字。

"你……您叫我阿邦！喂，千惠子，千惠子！"

糟糕！只有丈夫熟知祖父的容貌。家中千惠子的桌子上，一直摆放着身穿短褂子的祖父照片。

千惠子急忙奔到祖父背后。丈夫死命抱紧房柱子，一双细目瞪得滚圆，眼见之间膝头便战栗了起来。

"爷爷特意赶来啦。你赶紧打个招呼呀！"

"哦，谢谢……什么特意赶来？您怎么啦？这是咋回事？"

"这不是盂兰盆节吗？"

听到这句话，丈夫一屁股瘫坐在了地板上。尴尬的沉默在客厅里弥漫开去。人人都在猜测，是在东京一直责难女婿不仁不义的傲岸不逊的娘家人终于兴师问罪来了。内心对孰是孰非一清二楚的众亲戚，当然就只有俯首不语的份儿了。

祖父仿佛高唱伐木号子一般，朗朗开口道：

"啊呀，诸位至亲高邻呀，打搅大家休息啦。请各位随意，别理我们就行。"

众人似乎也无意引火烧身，便管自引樽对饮了起来。

将鞋子在三合土地上摆放整齐，迈上檐廊，祖父弯腰对着紧抱房柱颤抖不已的丈夫耳朵说道：

"喂，邦男啊！"

"是，是的。"

"你这小子，居然胆敢玩弄我孙女嘛！"

"不不……哪里哪里，咋说是玩弄呢。"

"你们仗着人多势众，就想混淆是非颠倒黑白吗？喂喂，我可是专程远道而来的哦，你小子总得说几句话呀！"

"您叫我说……说什么？"

"待会儿再跟你慢慢谈。咱们视情况而定，我把你带回去也成哪。要不干脆把老头老太一起带回去，由我来照料他们？"

"这……这……这，您不会……"

"哼哼，简单得很哦。是扔到东名高速公路上碾死了事？还是索性一把火烧了这大宅院更省事？啊？"

陡然，丈夫滚落到院子里，以头撞地，咚咚作响：

"对不起！是我错了，请您大人大量，饶过我吧！"

客厅里鸦雀无声。祖父扭头看了一眼呆若木鸡的众人，稍觉羞赧似的微微一笑：

"啊呀啊呀，阿邦呀，虽说错在你身上，可你一个男子汉，做人行事，可不能这样丢人现眼哦。咱这不还是面对着佛祖么？"

果然还是爷爷最帅气！千惠子心想。

那天夜里，协商一直持续到东方泛白，然而协商内容，千惠子却一无所知。

祖父说，一旦女人哭起来，话就没法谈下去了，所以没让千惠子同席。千惠子整整一夜都坐在院子里的长凳上，逗弄小狗。透过紧闭的防雨套窗，从客厅里漏出来男人们严肃的谈话声。

协商终于结束，祖父从正门走出来时，已经是白雾茫茫的早晨了。祖父疲惫不堪。

"小惠子，爷爷已经跟他们谈妥了。以后你就不要再说三道四啦。"

大概是争吵得很厉害吧，没有一个人出来送他。

祖父敞开西装前襟，松开领带，优哉游哉地走在迎灵火已然熄灭的通道上。

"你老公也算不上是太坏。呃，可惜该说是随波逐流吧，再不就是一念之差——不过，你现在还喜欢那家伙么？"

千惠子驻足沉思片刻。对爷爷不能说谎。她尚未开口将"我还爱他"说出来，祖父便低头长叹了一声：

"是么？可怜见的。不过吧，小惠子啊，邦男那浑蛋说他已经对你没有依恋啦。那个，说是叫什么来着？"

"小野香织……"

"对对，说是喜欢那个年轻护士。呃，这种乡下土财主的作派嘛，以后再怎么说也没意思。一刀两断，干脆分手得啦！"

对这意外的结论，千惠子大吃一惊，抬起头来：

"这太过分啦。爷爷，你是来干吗的呀？我什么坏事也没做噢！凭什么要叫我让步啊？我不服气。"

"这不是让步。那种家伙，咱们还巴不得甩掉他呢。我跟他们说啦，一分钱咱都不要他的。啊啊，痛快痛快！"

"我可一点儿也不痛快。这么做太过分啦。"

祖父牢牢攥住正准备回正房的千惠子的手。触摸着丧服上臂的亡灵的手，充满了暖意。

祖父目不转睛地凝视着千惠子，刚愎自用的大嘴瑟瑟颤抖。爷爷在哭泣。

"怎么啦？爷爷你为什么要哭？"

"你是要爷爷说那种话么？你是要盂兰盆的幽灵说那种话么？"

"我不明白这是咋回事呀。爷爷你从来没说错过话，从来没输给过别人。所以我也才能一直拼搏到现在的。"

"对。你一直都很拼的。"

祖父去世后的日子，仿佛魔物一般压在了千惠子的背上。这时，她才第一次意识到自己曾经饱尝艰辛。

"其实我本来是想当医生的……所以我……"

觉得自己似乎是出于无可补救的错觉而爱上了丈夫，千惠子依偎在祖父的胸前。

"对不住你啦。都怪爷爷，只顾喝酒，没有出息啊。"

"爷爷，你告诉我呀。为什么我非得跟他分手不可？"

祖父踌躇不言，羸瘦的喉咙在千惠子耳边仿佛秋风般嘶吼。

"不该让孩子一生下来就没爹没娘。这种事，爷爷心里最清楚啦。"

千惠子无言以对，在祖父的怀里啜泣。

"你得明事理才行哦，小惠子。爷爷死的时候吧，一直在琢磨这件事。结果爷爷的死心眼就把不幸都留给你一个人承担啦。"

"不，不怪爷爷。要怪就得怪爸爸和妈妈。"

祖父托起千惠子的双肩，就像从前下班回家来时一样，用硕大的手掌抚摸着她的脑袋。然后扭头望了一眼浓雾笼罩下的茶园堉垄。

"不好。看我回去晚了，他竟然跑出来了。"

浓雾对面，朦朦胧胧地伫立着一个人影。

"那是谁？"

"是这家老爷子。老东西耿直得要命，我跟他说，你也有责任嘛，他竟然就跟我掉了个。其实想想，这还是老东西的新盂兰盆呢。对不住他啦。"

"代我向他问好。他很疼爱我的。"

祖父微微一笑，转身离去。穿过大门时，举头看了看建造工艺，哼了一声，嗤之以鼻：

"这房子盖得好粗糙呀！一看就是乡下工匠造的。"

很快，祖父的身影被浓雾吞没了。冲着隐隐约约滑过茶园上空的两团光影，千惠子挥手示意。

这天，丈夫一声不响地回东京去了。

恐怕他是不会回到摆放着祖父照片和牌位的那个家去的吧。然而，这种事情已经无所谓了。千惠子心里的妒意难以置信地消失了。

整整一天，千惠子是无所事事地在仓房二楼度过的。

必须思考的事情要多少有多少。即便不去指望精神补偿费之类，也还有些私房钱足够对付眼前的开销。要不要卷起铺盖离家而去呢？还是光把房子索要过来呢？

拥有药剂师的资格，不愁找不到工作。然而，也不必因为离婚就辞去业已工作了多年的药房吧？

到昨天为止还是绝望，如今已完全化作了希望。自己才三十岁呢，她想。

盂兰盆客虽不比昨日多，但今天也断断续续地有人前来。到了下午，嫂子小心翼翼地，送来了一份外卖便当。

"千惠子，送灵火你就不必陪着大伙折腾啦。爹爹说，你要是有工作，可以先回去了。"

嫂子"扑通"一下坐在楼梯口，放下了便当和茶具。

"我也在这里吃午饭，行不？"

"哎，好呀。咱俩一块儿吃。"

嫂子似乎全无食欲，边吃便当边意味深长地低语道：

"千惠子，你是个好人哪。"

"是么？可是，又没能生孩子，又没能照顾好老公，还是个坏女人哪。"

嫂子放下筷子，拿手绢捂住眼角：

"这家男人都顽固得要死，不肯低头认错。不过，他们心里面都在向你道歉呢。你就忍一忍吧。"

"昨天大概吵得很厉害吧？我爷爷也是个顽固不化的人呢。"

"顽固不化？你是说，你爷爷么？"

一面泡茶，嫂子抬起哭肿了的眼睛，没精打采地望着仓房的天花板。

"真是个好爷爷啊。我在一旁看着，心里觉得好对不起他。"

"是不是很凶啊？"

"哪里哪里。他跪倒在咱家男人面前，涕泗横流哎，说要是千惠子有什么不足之处，我会好好说她，千万不要离婚，叫她跟阿邦两人过一辈子。"

"爷爷，他……"

"当然啦，谁看都知道是阿邦的不是，所以咱家那群男人无言可对，所以反而更加死心塌地，一声也不吭。我都受不了啦，满心惭愧。你爷爷一直坚持到早上。最后放声痛哭，说求求你们，求求你们，我再也不会在各位面前露面了，一辈子就求你们这么一次。我真的对咱家那群男人的窝囊和冷漠厌恶透了。"

千惠子双目紧闭，喝了口热茶。

"我爷爷，他喝酒了么？"

"没有呀，他说是身体不行，不能喝酒。你爷爷，他是不是情况不太好啊？脸色好像也不是太好——我说千惠子，你真觉得这样行么？我可觉得太不合道理了。"

"行啊。我一直都是一个人过日子，能跟喜欢的人共同生活六年，这就够啦。"

嫂子默默地哭了一会儿，然后仿佛突然想起来了似的，说道：

"今晚在河滩上放灯笼，你去看看吧。还要放烟花呢。"

"什么是放灯笼？"

"就是放河灯呀。东京大概没有吧？"

回去时，顺道去看看，千惠子心想。说不定——还能再见上爷爷一面呢。

前滨的放河灯历史悠久，是盂兰盆时节的风物诗。

朝着大海尽头的普陀珞珈山净土，从河口蜂拥流出无数的纸灯笼，在波浪间连成一片，简直如同梦幻一般美丽。记得丈夫曾经说起过。

出门时，千惠子向每位亲属逐一辞行。与她四目相对的，唯有摆放在祭坛上的丈夫祖父的照片。望着他那与爷爷截然相反，看似艳福匪浅的笑颜，千惠子用本来合在一起的手掌捂住脸，哭了。想到凄惨感受也将到此为止了，便不再忌惮四周的视线，放声大哭起来。

大概是有人告诫吧，只有嫂子一人拿着纸灯笼，跟着千惠子一道走了来。

在前滨的茶棚里，千惠子和嫂子喝了温乎乎的啤酒。河面的筏子上放起了烟花,将无遮无拦的夜空染成了五颜六色。

"事到如今再说这种话,说不定会让千惠子你不高兴——我倒觉得这样其实蛮好。我男人也好,爹爹也好,阿邦也好,人品都差不多。我还有点儿羡慕你呢。"

拨开河口拥挤的人群,把河灯放入河中浮在水面上时,千惠子陡然生念,将结婚戒指放进了纸灯笼里。

"只怕咱俩再也不会见面啦。不过你还年轻,千惠子,祝愿你能找到个好人。"

在纸灯笼的火光映照下,嫂子的容颜甚是美丽。

然后两人追逐着顺流而去的河灯,沿着岸边走去。而散嵌在波浪间无数的灯火,则有小船追随其后。

"因为不能污染海水,所以还得追到海面上,再把河灯收回来呢。就是骗小孩的把戏啊。"

不是这样的,千惠子心想。追逐着成群的河灯渐去渐远的一艘小船上,身穿短褂子的祖父身材小巧,坐在上面。

"爷爷!"

千惠子踮脚站在河边,高声喊道。波浪洗刷着她的脚。

祖父仰首望着夜空中绽放的烟花,如同从前在东京两国纳凉烟火大会的人山人海中做过的那样,冲着倏忽即逝的大朵烟花击掌叫好。

"爷爷!人家喊你呢!"

祖父并未注意到千惠子的呼唤声,只顾冲着直径过尺的烟花弹缓缓垂落的夜空，放声吼出节奏分明、江户做派的喝彩声。

过节时也罢，放烟花时也罢，总是像孩子一般地沉迷兴奋。一如往昔。

日式短袜的底部，永远是雪白的。

在公共浴池里，别人畏之如虎的文身，他从不藏藏掖掖，而战火在左肩上留下的伤口，他却总是用毛巾遮盖其上。还会盘腿坐在浴巾上，给千惠子洗脚趾间和耳朵后，洗得生疼。

哪怕喝得烂醉如泥，第二天也肯定要比千惠子早起，为她做好便当。直到高中毕业为止，千惠子从来不曾啃过面包。

开家长会时，告诉他别穿弄脏的胶底布袜来，结果开运动会时他穿了双干干净净的胶底布袜到场。

高中毕业时，在校门口为她三呼万岁。考上大学时，在自家街区内骑着自行车四下传告。

不过，还是爷爷最帅气了。

"爷爷！爷爷，人家喊你呢！"

祖父没有回头。小船伴随着大量的河灯，在烟花辉映下，忽而变红忽而变蓝的海面上，渐行渐远。

波浪已经淹没了脚踝。千惠子突然冒出一个念头，想生孩子了。

当系在祖父脖子上的手巾消失在黑暗之中时，宛如从胸膛深处喷吐出烈焰一般，她这样想道。

圣诞老人是窝囊废

柏木三太被判免予起诉，当庭释放，是在圣诞节前夜。

这应该不会是检察官在玩幽默。年关已近，眼见着就要放假了，像三太这种不足挂齿的青皮混子就是拘留所的累赘。

是他老娘赶来领人的。一身楼宇清扫员的工作服都还没换，娇小玲珑的身躯坐在看守室里的不锈钢椅上。

纵是三太，也不由得感到心痛，然而老娘自己却早就习以为常，一看到儿子的身影，便当着看守的面，眉飞色舞地开始数落他。

"你这个没用的东西！大男子汉一个，都三十岁呢，还干这种蠢事麻烦人家警察！干脆判你进去，关上个两年得了，也好叫你清醒清醒。你瞧你就是个半吊子货，连坐牢你都坐不上！啊啊，真够窝囊的呀！"

其实老娘真心真意对他说教，还是在他未成年时，等到过了二十岁之后，就成了虚应故事了。

值班刑警苦笑着说道：

"因为今天是圣诞前夜嘛！对于三太来说这可是一年一度的挣钱机会呀。对吧，老太太？"

这番挖苦，老娘似乎体味不出，冲着单单今年一年就已经添了三次麻烦的治安警察连连点头哈腰：

"哪里哪里，瞧您说的！今天咱直接就回家去呢，叫他念佛，一直念到明天早上。再咋说是圣诞前夜，也不敢您这前脚才饶了他，后脚他就去上街拉客去不成！"

看守们哄堂大笑。

"不是的不是的，我的娘哎！人家长官说的根本就不是那话！"

三太一边搓揉着解开了手铐的手腕，一边不耐烦地瞪着老娘。

"咦，那是什么事？"

"人家是说呀，我不是扮圣诞老人的么，所以圣诞节肯定很忙喽。"

"……哦，是么？哈哈，原来说的是这个呀。"

皮条客和治安警察之间一年到头都像在玩捉迷藏游戏。就算被抓了现行，至多也不过是关他一两个晚上便告放人。像这次这样移交检察院后，却因为检察官的裁夺而免予起诉的，实属罕见。大概是因为今年已经是第三次进来了，打算叫他吃点儿苦头。

"总而言之，到了年底警察也忙得要命呢。大过年的，总得叫人家歇口气喽。对不，圣诞老爷爷？"

"话可别那么说，长官。又不是我喜欢被您抓进来。这皮条客干上个十年，就连玩扒金窟[1]时都会有客人来拍拍你肩膀呢。还要抓什么现行，这不太憋屈了么？"

老娘"啪"地敲了一记他的脑瓜子。

"狂什么狂，你这傻瓜！走走走，赶快回家去。谢谢各位长官照顾啦！我再也不许他干错事了，绝对不许！"

老娘俯下去的脑袋还没抬起来，刑警已经扬长而去，走出了看守室。

刚一迈出警署，三太便惊吼一声，一把拢住了皮夹克的衣领。

银杏的朽叶从脚底下飞旋而上。

"你一直待在开着暖气的房间里嘛，当然就觉得冷啦。给！"

老娘解下了围脖，给三太围上。尽管一股膏药气味叫人吃不消，可他却无法拒绝。

"要不要去吃点儿热的东西？"

"我不吃。刚刚吃过公家的盒饭。娘啊，你还没吃饭吧？"

"那就买两个包子吃吃。热乎乎的那种。"

取道中华街的繁华大道回家，距离很近，包子都不会凉。整天盯着牢墙看的眼睛，被艳俗的灯彩刺得生疼。

"真搞不懂，这世人都是图的什么乐子，非得过那圣诞节？一个个你亲我爱的怪模样。"

---

[1] 发源于欧洲的撞球机，是一种具有赌博性质的游戏机。

老娘一直攥着三太的手，走在中华街的人海里。

"呜哇，好开心呀！"

"开心个什么？"

"这你就不懂了吧？走路开心呀！我这不是在木地板上坐了好多天了吗。"

"哼哼……别说这些废话啦，你就没个跟你一块儿过圣诞节的人么？"

"倒也不是没有哦。毕竟我也在女人堆里混了十年了呢。"

"那就赶快领个媳妇回家来呀！娘不跟你扯黄腔。你要是成了家，娘立马就到你哥那儿去啦。"

"你这是要把我塞给个女人，叫她来当我的担保人哪。呵呵，只怕没那么顺当哟。别管是谁，只要当过个一次，就得溜之大吉呢。"

老娘"呼"的一声，叹了一口带着大蒜味的气。

似乎整个人都缩矮了。总还没到腰也弯了背也驼了的年纪吧？三太俯视着老娘，暗忖道。

"你去美容院拾掇拾掇吧！咋跟个老太婆似的。"

"赶明天领了薪水再说呢。"

小巷里的包子铺总是排着长队。涂着厚厚的红色与金色的店头，流淌着极不协调的圣诞歌曲。

"平安夜，圣善夜……么？啊，真无聊啊！什么圣诞不圣诞的！"

娇小的老娘身着寒颤颤的罩衣,瑟缩着双肩在排队。足蹬小学生用的室内便鞋般的运动鞋,忙不迭地跺脚取暖。

三太蹲在路边一根接一根地抽烟,心里在想着还关在拘留所集体牢房里的一个汉子。

"平安夜,圣善夜……"

歌曲也虎头蛇尾,哼不下去了。咋会想起那家伙来呢?

汉子姓北川,四十上下,是个其貌不扬的电镀匠人。

"万暗中,光华射……"

当他喜气洋洋地走出集体牢房时,北川透过后边的铁丝网,望着穿过磨砂玻璃射进来的、外面世界的白光,口中唱着歌。

"那我就先走一步呢。"三太告辞道。北川只是侧目瞟了一眼,就又神情恍惚地继续唱了下去。

任怎么看,都不像是个坏人。

他的嫌疑,是把电镀工厂里用的金块暗地里盗卖给了稀有金属捐客。当然是成色十足的盗窃罪。

北川并未打算道出内中隐情。纵使打算道出,也因为木讷口拙,加之事态的重大令他畏缩不安,甚至连一句分辩的话都想不出来。

这样一来,北川就成了集体牢房里那帮惯犯们的笑柄。

而且他还属于异地管辖,所谓"委托监禁"之身。每次审讯时,便会有县警察总部刑警开着便衣警车来把他带走,傍晚时分,又是一副耍猴戏的猴子模样,双手铐在腹前,麻绳捆在腰后,回到牢房里来。

一次，好管闲事的黑道人物问他道：

"北川，你小子到底有几个同犯呀？"

北川抬眼望着天花板，扳起了手指头：

"呃，七个人吧……"

规模好生庞大的盗卖行为。细想起来，这样的伙伴或许不能称之为同犯。有人将工厂的金块偷偷塞进衣袋里，拿去卖给了掮客。于是工友们并没有什么犯罪意识，便学了他的样子。与其说是同犯，不如说是坏习惯。

"大家一起干，拢共顺走了多少啊？"

"这个么……警察呢，说什么有一亿多日元，可我觉得不像。"

"那，你小子呢？"

"我么……"

"七个人，按人头算的话，就该是一千万以上啦。"

似乎是要说绝无此事，北川浑身都在表示否定。

"我，也就是二三十万。记不清楚呢。"

"我说北川啊，才区区二三十万，你小子又是初犯，就会弄了个起诉、等待公判？衙门还不至于那么冷酷哦。搞不好你得判刑呢。"

盗窃嫌疑的老头歪着薄嘴唇，低声告诉三太道：

"整个就是一典型哪。你心里也八九不离十了吧？"

三太点点头。案件归县警察总部管辖，主犯身份的掮客和先抓进来的一帮人就关在那边。大概是每间牢房关一个，不能把同案犯关押同一间牢房里，于是最后一个被抓进来的北川，就变成"委托监禁"了。

同犯人数多的案件，先被捕的在公判时有利。受害金额可以说就是自己申报，依序录取供词的话，顺势推移，越是后面被捕的嫌疑人，就越有可能变成坏蛋。

尤其是年末，案件多发，警察也罢，检察官也罢，律师也罢，大家都忙得焦头烂额，匆匆比对笔录，嫌疑人连自我申辩的时间都没有。

"真他娘的！胆子又小，又不懂法律，脑子又笨，再加上还笨嘴笨舌，前途可想而知哦。不是说律师也是官方指派的小老头么。啊啊，只怕稀里糊涂地就得去黑羽，再不就是静冈，吃两年半牢饭了吧。可怜的家伙哦！"

盗窃嫌疑的老头似乎并不像口头说的那般充满同情，悄声笑了。

交谈中断，北川抱着膝头，抬头望着后窗里冬日的天空。

"我说北川大哥，你家在哪里？"

三太问道，别无他意。

"矶子港湾小区。我那死去的老爹是个码头装卸工。"

"家人呢？"

"我娘、我老婆，两个女儿——小学六年级和三年级。"

接着，北川不问自语，谈起了两个女儿来。

"照着圣母，也照着圣婴——"

三太抬起脸，中华街的灯彩射入眼睛。老娘抱着蛙嘴钱包，站在水蒸气中。

"娘啊，帮我多买几个。十个左右。"

"十个？你要那么多干吗？"

"阿政大哥给我送过东西进来。回去路上顺道弯一弯。"

接过皱巴巴的千元纸币，老娘皱起了眉头：

"你要去帮派事务所弯一弯么？——我明白你得到过他们的照顾，要去表示感谢。可是，你还是少跟他们往来为好哦。何况今天你又是刚刚出来。"

"没事。可不能缺了礼数。大娘，来十个肉包子，还有炸团子。分开来包。"

老娘站在水蒸气中，叹了一口雪白的气：

"真是的，你到底是正经人还是道上的人啊……"

在石川町车站检票口与老娘告了别。

"你听好了，三太。就算阿政拉你去，你也不要去打麻将去喝酒哦。明天就是圣诞节了，娘做了好吃的等你回家呢。听见了么？马上就给我回来！"

老娘被往来人群挤得东倒西歪，像地藏石像一样，久久地目送着儿子。

我到底打算干什么？三太坐在尽是男女乘客成双成对的车厢里，心中想道。说去高岛町的阿政大哥事务所固然是骗骗老娘的假话，然而对于打算前往矶子港湾小区的自己，他也无法相信。

就算是今年最后一项工作吧，他心想。岁尾年头，元町也好，伊势佐木町也好，到处挤满了拖家带口的游客，没有皮条客的用武之地。老娘说了明天发薪水，开口问她讨钱的话，玩玩扒金窟的钱总会周济几个吧。

矶子车站前，三太倾其所有，买了一个大布偶。是个怎么看都不像是卖品，比真人还大的史努比。

付款时三太心想：既然兜里有这么多钱，根本就不必再张口问老娘讨钱嘛！不过，相比小得可怜的米老鼠，无论如何还是想要这只硕大无朋的史努比。

店员们笑得合不拢嘴，给史努比脖子上系了个大似葵花的蝴蝶结，代替了包装。

"大姐呀，我这包子都要凉呢，请你们快点儿啦。"

耳朵上，还有一条腿上也系上了红丝带，变得很像个礼物了，然而该怎么把它带到港湾小区去呢？

"不好意思，帮我个忙，把它背在背上。就像背小孩那样。"

客人们店员们全都哄堂大笑，三太羞赧难当，然而除此之外别无良策。看见橱窗上映出自己惨不忍睹的模样，三太心想：至少也别拿丝带来当背带用呀，那样大概也会好一点儿吧。

把交臂而过的路人吓得半死,三太走在圣诞前夜的杂沓之中。

"呃呃,老阿婆就送她包子,小鬼头就送史努比……"

掰着手指头逐一推算,陡然想到,把他老婆给忘了。

有生以来从未给女人送过礼物的三太,用买史努比找来的零头买了一盆雪白的仙客来,虽然有些叫人害臊,但女人们好像都喜欢花的。

将完全冷下来了的包子揣进怀里,冻僵的手拎着那盆仙客来,背后背着硕大无朋的史努比,三太走在路上,交臂而过的路人们送来喝彩,汽车则鸣笛致意。

港湾小区的住宅楼与红砖仓库并排而立,是一群陈年旧物。据说尽早拆迁,兴建高层住宅是长年以来的悬案,然而由于家家户户都是满门老人,计划似乎进展缓慢。

沿着运河,仿佛误入迷途般走进了老旧的小区地盘里。与年代相称的高大银杏树,将干枯的落叶铺撒在破旧的四层住宅楼群的四周。

在警察岗亭毕恭毕敬地打听欲去登门拜访的人家所在。年轻警察看到三太那副模样,来不及惊讶便先笑翻了去。

北川家是多米诺骨牌一般排列整齐的小区中面向海堤的最前排。

"呃,十一号楼正中央的楼梯上去,四楼。"

三太边走边念念有词地复述着位置,暂先爬上海堤亲眼找寻一番。

接下去就需要勇气了。

要不就干脆扮作名副其实的圣诞老人,招呼一声"圣诞快乐"?

然而，既没有驯鹿也没有雪橇，连红衣裳也没有。任谁看来都像是个窝囊废的三太突如其来地敲门进去的话，人家一家子全是女人，肯定会惊恐不安。

踌躇了许久之后，三太被越海而来的潮湿寒风敲打着后背，终于走下了海堤。

爬上正中央的楼梯。背上背着的史努比也罢，那盆仙客来也罢，颇有些费力。包子也变得像石头一样冰冷。

站在油漆涂了好几层，凹凸不平的门前，三太浑身一哆嗦。凝视着写有北川二字的门牌，他心想：那家伙莫非就那副样子，得去黑羽，再不就是静冈去吃二年半牢饭了么？

尽管每年都被捉进去好几回，然而自己这个皮条客却从来不曾站在过法庭上。

他觉得那家伙就因为偷拿了一点儿工厂里的原料就得去坐牢，实在太可怜。而且——胆子又小，又不懂法律，脑子又笨，再加上还笨嘴笨舌，这几点，老子也跟他一样嘛。

怎么也鼓不起劲去敲门。

那家伙把昧来的二三十万块钱，花到哪里去了？一定是化作了小鬼头们的练习簿、铅笔、婆娘的裤子、老阿婆的围脖了吧，三太寻思。一想到此，三太居然极不相称地心潮澎湃，站在门前抽泣了起来。

为什么在石川町车站分别时，我没把围脖还给老娘？

只穿着一件薄薄的楼宇清扫员罩衣，仿佛地藏石像一般站在检票口的老娘那寒颤颤的领口浮现在眼前。

从漆黑的海面上，寒风狂吹过来，三太差点儿小便失禁。

"是哪一位？"

房门里面传来了女人的声音。三太慌忙扯断胸前的丝带，让史努比坐下，把那盆仙客来和包子在膝盖上放好，三步并作两步地奔下了楼梯。

传来了开门声。婆娘的惊叫声和孩子们的欢呼声从头顶上降落下来。

"呜哇！是圣诞老人！圣诞老人来啦！"

三太奔入黑暗中，举目望着四楼的楼梯平台。

"圣诞老爷爷，谢谢您！"

再度听到女孩子亢奋的声音，三太满心喜悦，跑上了海堤。

天上下起了雪。

点亮了满船灯彩的货船，不断地鸣响了圣诞汽笛。

楼梯平台上，排列着两颗女孩子的小脑袋。

三太好几度，将脱口欲出的话吞咽了回去。

我不是圣诞老人哦！是你们的爸爸托我来的。世间的流言什么的，你们不要理睬哦！不要紧的，太太。你丈夫马上就会回来的。

这些准备好的话，连一句都没能说出口来。唯有一句话，三太鼓足了勇气，大声吼了出来：

"圣诞快乐！"

一说出口，三太便觉得羞愧难禁，沿着海堤不顾前不顾后地疾步飞奔。

汽笛声此起彼伏的海港，漫天飞雪，遮没了夜空。

该不会是真正的圣诞老人亲驾驯鹿雪橇跑到这里来吧？三太一边奔跑，一边忧心不已。

来自猎户座的邀请信

诸位嘉宾：

　　值此樱花含苞待放，人人翘首焦盼之际，不知诸位近况何如？俱在念中。

　　猎户座影院自昭和二十五年开业以来已近半世纪，其间猥蒙本地西阵诸位不弃，错爱至今。惜乎将于今春闭馆，事出突然，尚乞宥鉴。

　　影院拟举办谢恩最终公映，具体日程另纸奉告。诚邀诸位拨冗命驾，光临垂览。

　　另，本地诸位恐已垂察，本影院院主因染小恙，至今正休业中。公映仅限当日一日，敬请诸位海涵为荷。

京都市上京区千本今出川下东
西阵猎户座　仙波留吉
仙波登代

1

在来自许久以前就已弃若敝屣的故乡的书简中，夹着两张设计成西阵织锦图案的电影票。

"怎么说？"

三好祐次用指尖将眼镜框向上推了推，回问道。

"怎么说？所以嘛……"

良枝语焉不详。将承上启下的词语化作了叹息，目光投向春阳漫溢的窗外。

面对这张侧脸超乎料想的美丽，祐次感到了嫉妒。他不愿意承认这是因为男人的缘故。春天一到，女人都会美丽起来的。

"总不会是要我一起去喽？"

大概是觉得冷冰冰地遭到了拒绝吧。良枝将哀伤的目光从林立的摩天楼群收了回来。

分居以来，整整过去了两年。原本是彼此斗气闹性子，谁知随着时光的流逝，竟变得越来越疏远，终于落到了一月一次，仅仅是仪式般地共进午餐的地步了。

场所必定是在工作单位的高楼顶层餐馆街。只要一起吃饭，就会被人看到。三好部长常常跟太太一起吃饭的传闻，已经广为人知。

在正忙于同美国企业推进办事业的公司里，这么做似有故意显摆家庭美满之嫌。如此作想，莫不是自己杞人忧天？不过他仍旧觉得，这是确保美好未来的必要条件。

"果然是不行吗？"

良枝啜了一口咖啡。祐次被唇膏的红色夺去了视线。

"不不，我并不是说不行。是我难为你了，所以要是可能，我很想满足你的愿望。只不过，我稍稍感到有些唐突。"

景气沸腾的时候，在市中心买下了一套住房。当初压根儿就没想到，这玩意儿竟然招致了家庭的崩溃。景气很快便告凋落，只剩下了巨额的按揭债款。

祐次以上下班方便为由坚持一个人住在那个家里，半是出于赌气。毕竟是由他自己规划开发、建设起来的住宅楼，又是优先购买的，所以无论是对公司还是对妻子，他都无法辩解。

不久之后，有了女人。经历了一番暴风骤雨后，闹到了要离婚的田地，是祐次向良枝低头认了罪。四十中旬，正当决定成败的关键时期便早早荣升了部长，要是转脸就闹离婚的话，多有不便。岂但如此，在这家早已美国化了的大型开发公司内部，简直可以说是致命伤。这种丑闻一旦传开去，立马就会调职海外，纵算运气好，有上司罩着，也逃脱不了借调外地的命运。总之，未来的大门便将彻底关闭了。

"猎户座电影院吗……不如说还在继续营业反而更不可思议呢。叫人好生怀念啊！"

"所以说嘛。"良枝探出了身子。陌生的香水气味扑鼻而来,祐次将脸向后缩了回去。

"咱俩又没有分手,要是跟别的人一块去,那不是很奇怪么?仙波大叔也好,大婶也好,看到咱俩一起去,该会多高兴呀!"

"仙波大叔和大婶倒也罢了,别的人,我可不想见面。邀请信只怕是给每个人都发了吧。"

"那也不要紧的呀。咱俩现在是什么情况,谁都不会知道的。我说阿祐啊,你就想想仙波大叔和大婶他俩吧。西阵曾经有过三十家电影院呢,可一家家地全都消失啦,只有他们一直坚持到了最后。现在连他们也要关门了,这种时候你总不能不理不睬吧?"

良枝纯粹是一副京都女汉子模样,固执己见,逼迫祐次速下决断。

"话虽这么说,可到底多少年没见过面了?"

二人同时计算起岁月来。祐次到东京来上大学是在将近三十年前,而良枝家人关掉纺织作坊进京来,也已经过去二十多年了。

"阿祐你不是回去过几次的么?"

"虽说是回去过几次,可那不都是你还在那边的时候么?我也有二十年没去过啦。"

回去这个词本身,就已经文不对题了。自打老母过世,兄长一家迁居大阪之后,就再也没有涉足过生身故乡西阵。

父亲原本是画织物底样的画师,父亲死后,一家人只不过是继续住在同一处出租房里罢了,说起来也只是无根的故乡。后来因为工作关系，曾经几度去京都出差，却并不曾顺道去看看已无血亲的西阵。

"事到如今，我可不愿再跟你的亲戚见面啦。现在可不是可以见面的状态哦。"

"说是亲戚，也都已经到了表亲堂亲这一代了。没必要去见他们。"

"可都跑到鼻子跟前的电影院去了，哪能佯装不知呢？首先，弄不好在猎户座里就会撞上呢。"

"不会给你添麻烦的。我保证。"

良枝想必也是年过四十之后，心生怀乡之情了吧。这种心情倒也并非不可理解。既想回到生身故乡去看上一眼，也想让多年不曾往来的亲戚们了解一下近况吧。

"那当然。我也觉得事到如今……"

良枝寂寞地咕哝道。

关于良枝父亲离别西阵的来龙去脉，祐次不知详情。至死他都在抱怨说纺织作坊已经日落西山啦。那就是说，恐怕已经无从维持，与亲戚们也不得不断绝缘分了。

同是离乡别土的两个人，婚礼上连一个京都的熟人都没邀请。而在良枝父亲的葬礼上，也没听到有人说话带京都口音。

与祐次家不同，中坚纺织作坊的娇小姐良枝大概在西阵多少留下了一些根。尽管事到如今，只怕都成了苦涩的乡心了。

"你约上横滨的姐姐不就行了么？"

"妈妈不愿意啊。她连往事都不肯提。连亲戚、兄弟，甚至祖坟都抛下不管了，你也替人家设身处地地想一想嘛。"

家住横滨的良枝姐姐跟祐次原先是初中同学。有一天飘然现身，赶来祐次住处见他，请他帮忙介绍打工。恐怕是一家人在东京举目无亲，连一根稻草都想抓住救命吧。

鉴于旧日的情分，一来二往之间，与年小五岁的妹妹关系亲密起来，真情实感十足地恋爱了几年之后，二人终成眷属。

"扫墓我可是不去的噢。我可不想干那种假模假样的事。"

"你答应啦？"

良枝发出少女般的欢声。

祐次心不在焉地抽着香烟，望着眼下春霞迷漫的景色。

西阵的猎户座，面临千本街，是由姓仙波的院主夫妇俩经营的小小剧院。祐次历历在目地回忆了起来。

孩提时代，西阵的那片地区在整个京都可都是屈指可数的繁华街。从千本今出川交叉点起，到丸太町街为止，足有一公里，电影院和饮食店鳞次栉比，一到夜晚，纺织作坊的女工们和匠人们摩肩接踵，热闹得好似过节一般。

相比于已然声名远扬的四条河原町的"新京极"，曾经被唤作"京极"的西阵那一片地区，如今又是什么样子了？

祐次也罢，良枝也罢，由于各自不同的前因后果丧失了西阵，与他俩相似，只怕那里已经连一个熟悉的人都没有了。

如此想来，猎户座能够在那里将电影院的灯火一直点亮至今，简直就是奇迹一桩了。

把良枝一直送到了通往车站的地下街入口。

"安排好了给我打个电话。当天来回就行。"

"当天来回？那还用说么？"

脱口而出。说完之后才想到，干吗非把话说得如此冷漠呢？

两人非得走访故乡不可的任何合理的理由其实并不存在。至少对于定期有足够的生活费寄进来，而且又有了新恋人的良枝来说。

"我说阿祐呀——"

挤在人海中，良枝扭头说道。

"我，该怎么办呢？"

祐次不答，掉头迈步走开了去。良枝那仿佛迷路的孩童一般迷惘的面影，烙印在了眼睑上，久不离去。

事已至此，再去走访抛却已久的故乡，很难认为会发生什么变化。更何况已经变得如同蜘蛛丝一般细弱的夫妻纽带，绝不可能通过这么一件略带感伤的行为而死灰复燃。

伫立在石柱支撑着的天井正中央，祐次仰望着从遥远的高处洒落的春光。

猎户座此时仍在西阵街头，展现着与往时一般无二的身姿么？

要不就去看它一看？祐次心中寻思道。

2

"玄关贴着白色瓷砖呢。左右两边有出口和入口,中间是圆形的售票亭。那后边就站着剪票的大姐。"

新干线包厢的桌子上,良枝摊开小本子,兴高采烈地画着猎户座的图。

"你记得好清楚嘛。我可什么也想不起来了——哎,是不是钢筋混凝土啊?"

"不对不对。是木结构的二层楼,正面贴了一层装饰墙,看上去好像是钢筋混凝土结构。就像这个样子。"

"啊,对了。然后这里挂着一长排明星画像,什么赤木龟一郎啦,小林旭啦,滨田光夫啦,芦川泉啦。"

祐次从良枝手中夺过圆珠笔,在装饰墙上画了一排圆圈。

"呃嗯,那大概是老早以前吧?猎户座是日活[1]的首轮影院么?"

"是我记错了?"

"记得我最后在京都的时候,好像不是日活。我在那里看过加山雄三的小将系列片和黑道电影耶。"

---

1 是日本一家老牌电影制作发行公司。

"这是咋回事?简直乱七八糟嘛。"

"那时候吧,电影已经开始衰落啦,一准是单靠首轮片的话就做不下去了。我记得好像是三场连映哦。"

从前曾经是日活的首轮影院。听她这么说,没准在祐次前往东京读书那前后,就已经沦落成了三片连映的二轮影院了也不一定。依稀记得曾经连看三部东映的黑道片,看得大倒胃口。

"这么想来,只怕仙波大叔和大婶他俩也吃了不少苦头呢,大概。喏,他俩在邻里不是不受待见么?像我吧,就一直被爹爹警告说,不管咋样也不能到猎户座去。"

"对对。我们家里也是这么说的。到底是为了什么呀?"

"你不知道?仙波大叔比大婶要小好多呢。就是为了这呀。"

想起来了。仙波留吉本来是猎户座的放映技师。他在老院主早逝后,不知几时便与未亡人私通上了。

在喜欢飞短流长的老京都之间,大婶被风传为水性杨花的婆娘,仙波遭诽訾成了忘恩负义的贼人,原也不无道理。仙波和大婶之间年龄相差一轮还多。

"新干线的包厢,我还是头一回坐呢。真好。既用不着顾忌四周,还可以大声说话。"

坐进包厢里,祐次心里莫名其妙地扑通乱跳。居然会对已经做了二十年夫妻的良枝感到新鲜、感到激动,这是咋回事?

良枝喋喋不休地连续说了一个多小时。看似在嬉怡谑笑,只怕并非如此。很久没有两人单独相处了,良枝害怕严肃的交谈。其实,这一点自己也一样。

女服务员送来了咖啡。放砂糖、倒牛奶时那转瞬即逝的沉默,祐次没有放过,开口问出了不问于心不安的问题:

"听说你有了男朋友?"

正在搅拌小茶匙的良枝手指静止不动了。瞬间既笑不出又答不出,即是意味着肯定。

"直也给我来了电话。他好像很受打击。"

"那孩子么?他怎么说的?"

"不会说得很详细啦。而且他大概什么也不知道吧。他对我说,妈妈好像有了男朋友啦,爹爹,你就不管么?这不就是婚外恋么?——这都已经跑到家里来了不是?"

他明白自己发火是毫无道理的。无法迈出离婚这一步,原因在于祐次这边。

大我是对其间的是非曲直了然于胸吧,良枝毫无怯色,爽快地招认了:

"是去打临工的超市里的,店员。比我小。你生气么?"

怒火与嫉妒犹如吐泻物一般,堵在了心口。

"不。只是让他跑到家里来,有点儿那个吧?直也已经高一了,男女之间的事,他也该全都明白吧。总不会是柏拉图式的精神恋爱喽。"

良枝平静的表情，陡然如同戴上了假面一般，僵硬起来。

"那怎么可能？一个是四十一岁的女人，一个是三十五岁的男人哦。"

祐次和良枝对峙了片刻。你没有资格对我说三道四！良枝直勾勾的一双眼睛在如此说道。

"不过你放心，我没打算结婚。本来嘛，就算想结也结不成啊。"

"是不是该由我来道歉呀？"

至此，良枝终于咧嘴一笑。在怒不可遏的脑中清醒的一角，祐次重新确认了良枝的美。所谓女人的妖媚，没准就是说的这个。

"你没有必要道歉。我这边也有情况。"

"怎么回事？"

"就是说呀，他有老婆孩子。就是所谓的双倍婚外恋啰。啊，不对。是那玩意儿的次品，算一点儿五倍吧。"

"别管怎么样，别叫直也看见。这件事上，我也有权插嘴说一句。"

"只是帮忙整整院子、修修护窗呀。家里没个男人干活嘛。"

"别乱找借口。不是还有直也么？"

"你这是要对我发号施令吗？那不过是像过家家一样哦。"

"左邻右舍都在看着呢。"

"你离家出走的时候，左邻右舍的眼光更怪呢！这种事，早就习

245

以为常啦。直也的话，你不必担心，没事的。上床么，我们都是在情人旅馆做的哦。"

忍不住把小茶匙摔了出去。良枝的话里带着恶意。似乎是在说，这是对你的不忠行为的报复。

二人就此沉默不语。

与心中的憎恶成反比，祐次很想占有良枝。

"那么，她还好么？"

这个问题很难回答。不过，他没有力气虚张声势：

"分手啦。听说是父母从老家来了，教诲了她一番。才二十六岁嘛，想想也难怪哦。"

"你倒很温情嘛。不想跟她一起么？"

"我不能离婚。"

"好冷漠啊。呵呵，倒也算前后一致呢，了不起。"

哪里是什么一致，是没有别的办法。两套房子的按揭得还，地位也有了，还有出人头地的欲望。所以不能离婚，不能跟年轻女人结婚。只认可这自私自利的唯一法律，年龄还大二十岁。不可能有女人愿意跟这种男人永远相好下去。

盯视着祐次的表情，良枝"扑哧"一笑。

"算你赢啦。"

"不对不对，不是那么回事。我是想起了仙波大叔和大婶的事。想想我们自己的所作所为，其实他们也不应该被别人说三道四才对。

我甚至觉得他们很了不起呢。不管世上的流言蜚语，两个人坚持把猎户座维持到了今天。"

祐次避开良枝的眼睛，回首看了一眼车窗。大概是静冈一带。翻飞的春景背后，是成片的松原。

仙波的容颜也好，大婶的相貌也好，都想不起来了。唯独两人的印象苏醒了来，鲜明得不可思议。

仙波是个稳重的男子。之所以给人以睿智的感觉，大概是因为放映技师这个职业是当时孩子们憧憬的对象吧。恐怕是从学徒苦熬上来的工匠活儿，所以应当同西阵的织工师傅们一样，并未受过什么教育。

他喜欢孩子。位于二楼后部的放映间是孩子们的特等座，只有猜拳获胜的两个人，才可以从那扇小窗口遥看银幕。

唐突地脱口而出的记忆，良枝心领神会。

"我跟你在放映间的窗口看过电影。"

"对对对，我记得。那是咱俩的第一次约会呢。"

"几岁来着，咱俩？"

"我不是小学一年级就是二年级，你是小六再不就是初一。"

"不会是初中生。一进初中，就没有资格参加猜拳啦。"

又想起了一件。猎户座不知何故，儿童票很便宜。虽然并非专门放映儿童片的，可在尚无电视的时代，许多孩子便聚集在那里。

假定如此，那么猎户座的坏名声莫不就是附近众多的同业者们故意散布的吧。完全是无益于教育的流言。

"放映间的窗子好小好小呀。圆凳子并排放着,简直就像在观看热带鱼一样。"

"这话说得好浪漫啊。"

这样的记忆,两人在共同生活的二十年间,从来不曾回忆起过。

二楼放映间里,有两扇小窗。其中一扇窗前摆放着两把圆凳,给猜拳获胜的两个孩子坐。幼小的良枝侧脸后面,就是操作着放映机的仙波。

说不定倒还是个实诚的汉子呢,祐次心想。好像仙波总是在照亮手边的聚光灯下进行着精密操作。

皮质鸭舌帽倒过来扣在头上,表情十分紧张地摆动着双手,眼睛一动不动地追逐着伸向银幕的光束。

那的确就是当时西阵的汉子们人人拥有的匠人的脸。

"啊!"良枝突然发出一声惊呼。

"这里有一棵很大的樱花树,阿祐你还记得吧?就在挂着剧照的橱窗前面呀,这么大的。"

良枝在猎户座图上,画上了几乎穿透装饰墙的樱花树枝。还正经八百地在瓷地砖上撒下几朵小花。

"行啦,画好了。要是三十年来没有变化,可就太好啦。"

京都已是樱花季节了吧。

3

"西阵"这个地名并不存在。

孩提时,只要有人问起家住何处,自己总是毫不犹豫地回答"西阵",一直认为自己是西阵人,当得知这个地名根本就不存在,心情奇怪极了。

地名的由来,据传是应仁之乱时,西军大将山名持丰布阵于此,故而得名。后来得到了丰臣秀吉的庇护,作为高级丝织品的产地长期繁荣。

那么所谓西阵究竟是在何处?祐次也说不清楚。反正这地名不存在,只能回想孩提时纺织作坊星罗棋布的样子,作一个大致的界定。

堀川以西,下长者町以北,西边到北野天满宫,北边到鞍马口,大概就是这么一块。

随着纺织工业的盛衰,恐怕老人们心目中的范围会更大,而年轻人则可能回答以更小的地域。然而至少对于在昭和三十年代[1]的后街小巷里蹿进蹿出的祐次和良枝来说,生我养我的西阵大致就是这么个大小。

1　指1955—1964年。

而这广阔的纺织城的中心，就是唤作"京极"的千本大街两侧了。那里大概曾经是与东京的浅草六区比肩并辔的电影院街。一望无际、流光溢彩的不夜城的繁华，至今仍历历在目。

在千本今出川交叉点走下出租车，正是散发着春天气息的时辰。
"一点儿都没变嘛！"
悄然伫立在街角，良枝嘟哝道。
"是么？我倒是觉得彻底变样了呢。"
似乎两种感想都正确。纺织产业衰退，曾经的繁华烟消云散。然而恰恰由于被繁华所弃却，古色苍然的姿彩毫无变化。
二人沿着千本大街向南走去。
"不管遇到谁，咱都别主动——打招呼哦。"
"好的。要是人家问，我就回答。"
"答到什么程度？"
"青梅竹马，后来结婚了。孩子只有一个，念高中啦。典型的工薪家庭哦。丈夫在建筑公司，所以工作很忙，不怎么回家。"
"哎呀呀，自己在琦玉盖的房子。您知不知道，东所泽？后来又在东京市里面买了一套房子。呃，在东京很常见的，过着那种和平的分居生活。"
"很和平，很自由的。"

"搞个女人哪，找个男人什么的，都是很随意的啦。呃呃，这在东京也是很常见的啦。"

"是这样吗？"

良枝的笑脸阴沉了下来。

"其实未必尽然么……"

一面走着，一面举目仰望西阵的天空。春日的云霞在西山的夕阳映照下，染成了茜红色。东京就没有这样的天空。不不，是看不到呢？还是没注意到？

"哎，阿祐，你说我该怎么办？"

时隔二十多年重新触摸到故乡的风，变得十分感伤。一旦意气、虚荣、利欲都被风吹尽了的话，两人就成了寻常的男女。

"我还想问问你呢。"

"你这是不负责任呀。男人不下决心的话，什么都定不下来。"

陡地，祐次想起了二人发誓共担未来时的情形来。这也是久已忘却的事情了。

假如祐次的记忆无误，是走在神宫外苑银杏耸立的林荫大道时，二十岁的良枝好像说了句同样的话。

"哎，阿祐，你说我该怎么办？"她说。

当时自己是怎么回答的呢？

咱们结婚！嫁给我吧！咱俩一起过日子吧！我会让你幸福的！——他忘记了自己的求婚词。但毫无疑问，他肯定没说"我还想问问你呢"。

抬眼望着西阵傍晚的天空，祐次感到自己老了。

一直都只属于自己一个人的妻子，被陌生的男人搂在怀里，在年轻、强壮的手臂中，化作了小鸟依人的雌儿。

恐怕远不是自己所知道的温文尔雅、年岁渐长却犹自心存羞报的良枝。这种事情，从她那娇小的身躯中涌溢而出的娇艳，从风情万种的言谈举止中，亦可得知。良枝夜复一夜，躺在男人的手臂中欣悦欢喜，甚至是在自贬身价，充任家有妻小的男人的玩物时。

走着走着，西阵已是黄昏将临。从仿佛蒙了一层薄纱一般，日暮迟迟的街市底处，业已丧失的故乡<u>丝丝缕缕</u>地露出了风姿。

幸好没有遭遇熟识的面孔。可以想象，大概有许多人都因为各自的缘由，离开了这个街区。

陡然，良枝抓住了祐次的手臂，驻足不动。

千本大街对岸，西阵猎户座一如既往毫无变化的身姿伫立在那里。

假冒钢骨大楼的装饰墙。贴着白瓷砖的门前通道。摆放着经典老电影剧照的橱窗。中央圆形售票亭的左右两面，装着歪斜的玻璃和黄铜把手的门，仿佛召唤二人一般，洞然大开。

巨大的樱花树上，樱花盛开。

4

"原来是垂樱嘛。记忆这东西,靠不住啊。"

掩埋在低垂的花枝中,良枝仰望着老迈的樱花树。

"年轻时,这种事情都无所谓的。我们上了年纪啦。"

"哎呀,姑且就算到了懂得事物之美的年龄吧。"

猎户座消失了的话,这棵樱花树的命运又将会如何呢?祐次寻思道。

由于工作关系,这种事情他早已司空见惯了。不管是多么美丽的樱花树,都不会因为盖楼而移植别处。越是巨树老树,技术上就越是困难,所需费用也就数额惊人。任是何等趣味高雅的委托人,至多也就是推迟工期,最后再赏一次花而已。

昭和二十五年开张的电影院,其建筑没有任何其他用处,差不多就是拆毁之后再建新楼吧。不管是改作住宅楼、酒店还是商务楼,都是一块风水宝地。不知道地权人是如何考虑的,不过这块地就算他不情愿,开发商也不会放过的。

毋宁说,在那个地价高涨的年代居然能够坚持没卖!这就让祐次佩服不已。

售票亭旁边,立着块招牌,上书:"谢恩最终公映·仅限本日"。

然而，却无人瞟它一眼。距离开映时刻的六点三十分，时间所余无几了，却没见一个看似观众的客人。

圆形售票亭中，一个人站起身来，望着这边。是仙波留吉。

"咦……那不是仙波大叔么？对啦，是仙波大叔！"

仙波出现于此地，其实是理所当然，可良枝却仿佛偶然邂逅似的，做出惊讶的模样。

"您好，仙波大叔。好久没见了。"

良枝彬彬有礼地低头致意。仙波急忙打开脚边的小门，走了出来。

站在跟良枝所画的一模一样、花瓣飘落的瓷砖上，仙波就像一个士兵，立正，然后用指尖扶着眼镜框，深深地垂下了头。

"我们是谁，您还认得出来么？"

几步走到近前，祐次问道。

"这，当然认得出来。是三好家的阿祐吧？还有这一位——"

仙波好像有点儿不够自信地说道：

"要是我没记错的话，是千寿屋的下面那位小姐。呃，名字叫什么来着——"

"我叫良枝。您还记得我们啊。"

"是啦，良枝。你姐姐叫光枝，你叫良枝。欢迎光临。好像说你们俩在东京成家了。这不是很幸福么！"

仙波亲切地端详着二人。

原来是个这么矮小的人哪。雪白的长发，高领羊毛衫。那风采，一看就是僻处的电影院老板。与猎户座的风貌太过相配，简直就像从某个故事里偷偷溜出来的。

"哎呀，都长这么大啦。你们好幸福呀！孩子呢？"

"一个男孩，读高中啦。典型的工薪家庭哦。不过，丈夫在建筑公司，所以工作很忙，不怎么回家。"

刚才开玩笑时说的话，良枝原封不动地说出口来。说完后，两人相视一笑。

"哎呀呀，自家的房子有点儿远。所以又在东京市里面买了一套房子，过着那种和平的分居生活。"

良枝边笑，边继续说道。

"在东京，这种情况很常见的。很自由，很好耶。"

差点儿就把后边的话说了出来，祐次慌忙闭上嘴。

仙波满脸的莫名其妙，盯着这对饶舌的夫妇：

"哈。那很好啊。青梅竹马终成眷属，真是好幸福啊。"

祐次注意到，仙波已是龙钟老态，唯独眼镜却还是从前那副。黑色粗框，一侧的铰链已经坏了，裹着厚厚的透明胶带。

认出那副眼镜时，祐次眼里毫无来由地涌出了热泪。那时候也是用透明胶带裹在铰链上来着。

"大婶她还好么？"

良枝问道。

"啊……她吧，这阵子一直住在京大医院里。我猜大家都知道的，大婶已经八十五岁啦。大叔七十岁，你瞧身子骨还这样结实着呢。不过，就我们两个人打点这家小戏棚子，还得照料痴呆的大婶，实在太辛苦，顾不过来啦。"

仙波一边说话，一边频频地眨眼睛。

这就是猎户座不得不关门大吉的理由。

递过名片去，仙波大为惊愕：

"咦……这，真是太巧啦！"

"有什么不对么？"

"可真是奇遇呀。其实吧，给这里念经超度、改建大楼的，就是同一家公司哟。"

以公司的规模而言，其实无须惊诧，不过祐次还是觉得心口堵得慌。

"乌丸不是有一家贵处的分公司么？那儿一位叫小仓的科长，对我们好得很。您认识他么？"

祐次不知道这位小仓科长的名字。为了不被误解，他又添上了几句话：

"呃，仙波大叔，这完全是巧合。关西不属于我管，那个小仓我也不认识。我今天来，纯粹是私人行为。"

说着，声音越来越弱。因为他完全想明白了猎户座如何被一步步地毁掉的来龙去脉了。

在地价飞涨的那个时期，京都分公司一定也曾竭尽全力抢购土地，然而仙波对如今想来高得离谱的收购条件丝毫不放在眼里，坚守着猎户座的香火。热潮退去，院主已老，条件发生了怎样的变化，不难想象。

"他们一定胡说八道、恶语伤人了吧？真是对不起您啦。"

祐次垂首致歉道。

"您说的什么话呀！小仓科长对我们很好的哦。托他的福，连大婶的葬礼也不必再担心啦。还在一乘寺给我们买好了住房。那儿离医院也近得很哪，既可以照顾病人，又可以悠然自得地过日子。啊呀……大伙都不来嘛。要不，咱这就开始？"

仙波寂寞地环视四周，步入昏暗的影院内。

"那个，仙波大叔，入场费呢？"

良枝在背后问道。

"那玩意儿，还要它做什么？快五十年啦，全靠着西阵的各位高邻帮衬，我们这才有口饭吃，享尽了开电影院的好处。你们就别放在心上啦。到最后了，还来了这么好的客人，大叔也好，猎户座也好，都没有任何遗憾啦。谢谢！感激不尽！"

场内十分整洁。地毯上清扫得干干净净，纤尘不染。就连楼梯台阶边缘的黄铜防滑条，都擦拭得锃亮。

楼梯转角平台上，良枝仿佛脚下生了根似的，站住了不动。

"怎么啦，良枝？"

凝视着脚下，捂着嘴，良枝终于说出了声来：

"大伙吧，就是在这里猜拳的。都想进放映间里去。"

仰视着祐次的眼珠闪闪烁亮。祐次想起了那一日猜拳获胜，跑上这个楼梯的情景，就仿佛昨天刚刚发生一般，历历在目。他牵着良枝的手，登上了这个楼梯。

父母告诫说，不管咋样也不能到猎户座去。然而孩子们的聚集之地，在多达三十家的电影院中，就固定在这猎户座一家。为什么？并非因为票价便宜。也不是因为放映日活的青春片。猎户座随时随刻都会温情地包容那些得不到父母关怀的家庭作坊里的西阵孩子。

恐怕良枝也是时至今日方才明白了这一点。

"为什么猎户座会这样温情呢？"

说完，良枝抱膝坐在了那里。伸出手去，仿佛爱抚一般，抚弄着年久变色的地毯。

"爹也罢娘也罢，所有的大人都说，不许到猎户座去。说猎户座那地方叫人恶心，粗俗低级，小孩子不能去什么的——"

"别说啦，良枝！"

祐次制止道。

刚刚厉声吼了一句，便觉得胸口堵得慌。其理由，却又不同于良枝。

自己抛舍了西阵。狭窄的小巷里住着乖僻的匠人，刻薄的流言蜚语铺天盖地的这个街区，令他厌恶至极、忍无可忍。去了东京后，他便将故乡遗忘了。甚至不曾特别感到过乡愁，忘得一干二净。而且——就连相依为命了二十年的西阵女子,都没打算继续爱下去。

然而就在这期间,自始至终,猎户座却在这千本大街上,将电影院的香火守护了下来。

"哎呀,原来大家都是这么看待猎户座的呀?"

仙波缓缓地登上了二楼,俯视着呆立在楼梯半腰的二人。那双眼睛是何等哀伤。

"大叔,您还不知道呀?好糊涂哦。"

"笨蛋!"祐次再度责骂良枝。

小小的枝形吊灯,勾勒出了老放映技师的身影。

"其实吧,阿祐,良枝。大叔只说一句辩解的话,从此以后再也不会,到死也不会再提此话啦——不管你们信还是不信,大叔绝不是个贼人。大叔可以对天发誓。"

啊!良枝站起身来,仰视着仙波。

"所以说啊,大叔到这里来学徒,老院主手把手地把什么都教给了大叔。他生了肺病,眼看就要不行了,这时他握着大叔的手,说:'阿留啊,这影院可不能关门哪,你可不能扔下猎户座不管啊。裕次郎的剧照,哪家影院里都不咋挂呢。要是在那些简陋的电影院里搞日活片的首映,地板都会踏穿个大洞来呢。西阵的织工和孩子们能够安安心心地看场裕次郎、小林旭的影院,就只有猎户座呢。行么?别扔下不管,求求你了。'他就是这么说的。"

仙波从屁股后面的口袋里摸出块叠得整整齐齐的手绢,仿佛是要将一步一步镌刻下来似的，走过空无一人的二楼观众厅，走向放映间。

"咱们坐在观众席上看么？"

"不，既然来了，还是那里好啊。"

祐次用手指着安装在观众厅墙壁上的铁梯子。

"是放映间么？"

"对。那是我们憧憬的座位嘛。对不对，良枝，可以吧？"

良枝没有回答，低着头走了过来。表情充满了困惑。

"我说仙波大叔，可以问你一个问题么？"

"哟嗬，是什么问题呀？"

"既然那么说，仙波大叔和大婶之间，难道什么都没有过么？"

哈哈哈！仙波大声笑道：

"所以呀，那是辩解。不是说了么？"

"啊？"

"大叔吧，婚都结了，成了大婶的老公。那可是正经八百的夫妻哦。夫妻俩什么事也不做的话，那可就对不起上天呢。你大婶也还年轻着呢。好呢，仙波大叔的开场白到此结束。咱看电影喽！"

仙波轻快地登上楼梯，就像从前对孩子们做的那样，从放映间门口招招手：

"好啦，开——始——放——电——影！阿祐，良枝，到上面来！"

5

从放映间的小窗口，祐次俯瞰着观众席。二楼座位前排，有一对年轻情侣。一楼则稀稀拉拉地坐着四五位客人而已。死角里的后排座位上，也不会有很多观众吧。祐次想起了从前连过道上和墙边上都挤得满满的人头攒动的情景，仿佛梦境一般。

场内漫溢着无比清静的空气。

"原来是这么小啊！"坐在圆凳上，良枝嘟哝道。

"不是猎户座小，是我们长大啦。"

放映间也好像比这大得多。

"我好像得先致个辞啊——"仙波清了清嗓子，握住老旧的话筒：

"呃，诸位今天光临西阵猎户座谢恩最终公映，非常感谢……呃，说真话，如果可能，我是想一边放着电影，死在这个放映间里的。可结果却搞成了这种不尴不尬的样子，实在是对不起诸位。"

仙波一面说着话，一面冲着银幕始终保持立正姿势。

"昭和二十五年的四月，老院主开办了这家小小的影院，后来我也继承他遗志，发奋努力，坚持不让西阵电影的灯火熄灭了。唉，不过，我也上了年纪，关键是眼睛不行啦，尽管真心想死在放映间里，可是医生一再叫我不可固执己见，老伴也已经时日无多了……"

说到这里，仙波像孩子般地用夹克衫的袖子捂住眼睑。

"仙波大叔，加油！"

良枝站起身，将手放在了他的肩膀上。

"说几句不中用的话。这辈子曾经发生过各种各样的事情。不过，我也好，老伴也好，除了电影和这家小影院什么也不懂，不知道还有别的活路，也算得上是拼死拼活，一路做了下来。也曾经穷得响当当的，连租借胶片的钱都还不起，一日三餐尽吃小卖店里买来的豆沙面包。一度也想过是不是效仿别的影院，既然别人家家都在做，干脆我们也放色情片算啦。但是那样一来，就不能再放给孩子们看了，再加上传统悠久的西阵电影院要是家家都放映色情片的话，岂不要成了世间的笑柄，也无颜面对老院主啊。所以咬紧牙关，改而放映老片子了……关闭猎户座，我觉得就是把猎户座弃之不顾了。也就是因为要活命，把电影弃之不顾了。这么可耻的事情，作为一个男人，作为一个人，作为一个电影人中的无名鼠辈，不管人家怎么说都无言以对……满篇辩解之词，非常对不起诸位。最后一部电影，我自当用心放映，请诸位好好欣赏。这部电影，是我和老伴成家之后，在猎户座银幕上放的第一部电影，充满了我们两个人的美好记忆。老伴至今仍然——"

年老的放映技师低下头去，肩膀颤动着，将话筒转到身后，紧闭嘴唇，哭了。

"今天早晨我又到医院去，还没开口呢，老伴就对我说啦，这部电影她最喜欢。这是我们两人在猎户座放的第一部片子,所以我非常高兴。导演川岛雄三,剧本、副导演今村昌平,出演者弗兰克堺、左幸子、南田洋子、石原裕次郎、芦川泉——昭和三十二年日活作品,《幕末太阳传》。上映时间一百一十分钟。今天非常感谢诸位。"

小小的,然而发自内心的掌声,从楼下传了上来。

仙波首先对着银幕深深垂首,对着放映机也同样鞠了一躬。用关节粗大的拇指按下了墙上的按钮。

开幕铃声响起。仙波重新戴上鸭舌帽,意味深长地凝视着祐次和良枝。

"对不起,能不能帮我把那个开关拉下来?"

祐次缓缓地拉下了照明的手动开关。黑暗降临了。

"在二位面前露丑啦,真是不好意思。自打接下这个小影院以来,我还一回都没哭过呢。没想到竟在今天,为了这种事……"

祐次本来是打算微微一笑的,却变成了一声叹息。

在聚光灯的小小光圈里,像一截木棒似的站在那里的仙波胸前,抱着一帧照片。

"其实,老伴今天早晨死啦。所以,没想到竟在今天,为了这种事……今天是守灵之夜,请你们多多担待啦。"

然后,仙波将照片放在了放映机的镜头旁。

"你受苦啦。一定累了吧。来,咱一起看电影。"

鲜艳的光带,绽放在黑暗里。

猎户座正面盛开的樱花,那份灿烂大概一辈子都难以忘怀。

千本大街上,仿佛粘贴在半空中似的,升起了一轮满月。

二人提出来要去吊唁大婶,仙波强作笑颜,予以固辞。

"谢谢了。你们已经充分吊唁过啦。猎户座就是棺材,这般盛开的樱花就是供在灵前的花朵。瞧瞧这有多豪华呀。"

仰望着飘谢的樱花,良枝感触良深地说道:

"大婶,的确很豪华哟。真的,的确很豪华哟。"

这话的意思,祐次用槽牙反复咀嚼。

一边等待出租车,两人再度仰脸望了望猎户座那面樱花环绕下的装饰墙。

"这电影好看吧?川岛雄三和弗兰克堺都已经不在啦,真是天才啊!那么,你们今天要赶回东京去么?"

末班列车的车票已经订妥了。

"事情太多啦,忙得不行。下次我们再找机会来看您。"

"是么。不过,小影院没了的话,我就是一个再普通不过的老头子啦。见了也没什么意思。咱就算到此'剧终'吧。"

仙波笑着,扬手招呼出租车。

"那就再见啦。再见!你这么出息,只怕也有许多难处呢。加油干吧。谢谢啦。非常感谢!"

车子沿着千本大街驶了出去。梦幻般地伫立在那里的猎户座前,仙波在纷纷飘舞的樱花环绕之中，久久地垂首送行。

隔着车窗目送着渐渐退去的故乡，良枝陡地，仿佛吟唱快要遗忘了的歌曲似的，小声嘟哝道：

"阿祐啊，我该怎么办呢？"

说出口后，良枝似乎难以置信地捂住了嘴唇。

"算啦。"祐次喊住了司机。

"对不起啦，师傅。请你在丸太町往左拐，送我们到蹴上的都城大酒店去。有点儿累了，今天不回去啦。"

眼见着满月消失在了云间，西阵下起了春雨。

望着默默不语的妻子的侧脸，祐次寻思道：明天去雨中走它一走吧。

代后记——奇迹一卷

浅田次郎

《铁道员》于一九九七年四月付梓出版，是我的处女短篇集。

单行本按照惯例，会准备一句象征其内容的"吸睛妙语"。套在本书初版本上的腰封里，就附上了这么一句广告词：

　　　发生在你身上的　温柔的奇迹。

本书汇集了以"奇迹"为主题的短篇——就是这个意思。

尽管感到几分害臊，但其实我是心许的，觉得这是个妙句。心下暗想：倘如阅读八个故事，在读者心里能够有小小的奇迹发生的话，那可就是幸甚至哉了。

我本来就不信神佛会赐福降恩，是一个既不相信算命也不相信命运更不相信灵异，亦即，但凡无法进行科学说明的事象一律不信的人。委实是一种极其缺少梦想，作为小说家不该拥有的性格，可我却是一心琢磨着要当个小说家，因而才走过了一条"无神无佛"的人生之路，原也是没有办法的事。

然而，我却相信不懈的努力与真挚的懊恼所带来的"奇迹"，至少是相信"奇迹性结果"的存在。

对于任怎么看都找不到分毫才华影子的我来说，现在的小说家这份职业本身就是一个奇迹。不妨说就像一个梦想着翱翔长空的少年，莽莽撞撞地挥舞着赤手空拳，居然在不知不觉间变成了一只飞鸟。

我于是知道了，这种内在的奇迹在任何人的身上都可能发生。

从一九九四年起花了差不多一年半时间，我写了一部题为《苍穹之昴》的长篇小说。

脱稿之际我心想，我应该写许许多多的短篇小说。这么想，像极了自卫队出身者的思维方式。就是说，完成了一项教学计划就能获得相应的肌肉，然而与此同时，其间也有部分肌肉会变得衰弱。我觉得，如果接下去不对这一部分进行加固，就无法获得综合体力。

说到写长篇时会被忘却的东西，那就是短篇式的锐利思维、要言不烦的文章、思想与主题明确易见地内敛了。

说得简单易懂些就是：我打算通过重复短跑的间隔，来重新锤炼跑完马拉松之后松弛的肌肉。

长篇脱稿之后的九月份里，我写了两个短篇，发表在《小说思八庐》与《全民读物》上。这就是收录于本书中的《铁道员》与《魔鬼》。

我此前一直断定自己的资质适合于长篇,几乎从没写过短篇小说。说起将稿子交给责任编辑之后的心境,那就同喘着粗气死盯着计时器的短跑选手一般无二。

挑战短篇小说既是锻炼,同时又是重新考问自己资质的机会。

将两个短篇分别交给两位责编那一日,对我来说是比后来的直木奖评审会那天,还要漫长、忧郁的一天。

所幸这两个短篇受到了过甚待遇,在《小说思八庐》和《全民读物》一九九五年十一月号上同时刊载。

《铁道员》与《魔鬼》完全是同一时期写成的作品,却是对比鲜明的两个短篇。

《铁道员》以第三人称多视点写成,细节多由对话构成。

《魔鬼》则是第一人称单一视点的私小说风格,粗犷笔法的明码结构。

这两种截然不同的手法,我有意识地予以区别使用。就是说,因为我不太明白什么方法适合自己,故而尝试了两种对比鲜明的跑法。

每次重读这两个作品,就会陡然怜悯起那时的自己来。

四十二岁的我,继续在入夜的跑道上奔跑,摸索如何让自己跑得更快,与十九岁的我毫无不同。

《情书》是把自己浑浑噩噩混日子的那个时期身边发生的真实事件写成了小说。是真实地再现"事实奇于小说"这句格言的故事。令我痛感到，小说素材并非作家刻意索求的得来之物，而是它自己送上门来的。我奇怪地感到泰然：尽管绕了很多弯路，但拜其所赐才得以写出这样的小说来。

《在角筈》写了我令人生厌的童年体验。固然不是事实照抄，但大致是个真实的故事。

落选直木奖，正郁郁不得志呢，偏又赶上小说杂志的截稿期逼近，"只写出了这么个东西"——我哭丧着脸将原稿交给了编辑。然而重读一遍，倒觉得这是一篇倘非那种状态恐怕就写不出来的作品。也就是说，如果不是《苍穹之昂》落选直木奖，《在角筈》就永远也不可能写出来。

我当时已经山穷水尽：无论如何也写不好的体验，却无论如何也非得写出来。

《伽罗》是我半辈子的纪念。长年置身于时装界，却坚持写着根本卖不出去的小说。直至今日，上街时逛女时装店仍然比逛书店的次数多。目光不知不觉便会追逐着交臂而过的女性而去——绝不是要暗送秋波，而是因为观察流行时尚成了习以为常的习性。

《盂兰盆会》起笔第一行，不管反复阅读几遍，纯粹私人的感情都会令我郁闷不已。如果将《魔鬼》《在角筈》中描写的我的原体验一言蔽之，那，就是这么一行了。

故事结尾处，千惠子"宛如从胸膛深处喷吐出烈焰一般"，突然想生孩子了。让我坚持小说写作的能量，大概就是这个吧。

《圣诞老人是窝囊废》里，有着不为人知的秘密。

编短篇集时，我打算在里面描绘一幅纯自己的肖像。就好比米开朗琪罗在西斯廷礼拜堂的壁画里偷偷画上自己的形象那样。对于读者来说可能是出乎意料，这篇短文的主人公柏木三太，知道的人读了大概会喷笑，就是我自己。

《来自猎户座的邀请信》也许是最具备我自己风格的小说。

我还记得自己几乎是不假思索，文思如泉。该说是写来趁手吧，或者说是拿手绝活，比如说，假使有素昧平生的外国人询问我小说风格如何，我大概就会把这个短篇递给他，代替名片吧。

短篇集《铁道员》是否如同那句"吸睛妙语"广告词所说的，在读者身上引发了奇迹，我无由得知。

然而至少这一卷书为一心一意想当个小说家的我，带来了奇迹。

既然事已至此，我希望有一天就跟那位冥顽不化的老站长一样，口衔着铁哨，手握着手旗，倒卧在积雪的站台上。

激发个人成长

多年以来,千千万万有经验的读者,都会定期查看熊猫君家的最新书目,挑选满足自己成长需求的新书。

读客图书以"激发个人成长"为使命,在以下三个方面为您精选优质图书:

1、精神成长
熊猫君家精彩绝伦的小说文库和人文类图书,帮助你成为永远充满梦想、勇气和爱的人!

2、知识结构成长
熊猫君家的历史类、社科类图书,帮助你了解从宇宙诞生、文明演变直至今日世界之形成的方方面面。

3、工作技能成长
熊猫君家的经管类、家教类图书,指引你更好地工作、更有效率地生活,减少人生中的烦恼。

每一本读客图书都轻松好读,精彩绝伦,充满无穷阅读乐趣!

认准读客熊猫

读客所有图书,在书脊、腰封、封底和前后勒口都有"**读客熊猫**"标志。

两步帮你快速找到读客图书

1、找读客熊猫　　　　　　2、找黑白格子

马上扫二维码,关注"**熊猫君**"

和千万读者一起成长吧!